LES DANOIS SUR L'ESCAUT

(1808—1809)

PAR

OTTO LÜTKEN
LIEUTENANT DE VAISSEAU
DE LA MARINE ROYALE DE DANEMARK.

COPENHAGUE

ANDR.-FRED. HØST & FILS, ÉDITEURS

1886

LES DANOIS SUR L'ESCAUT

(1808—1809)

PAR

OTTO LÜTKEN
LIEUTENANT DE VAISSEAU
DE LA MARINE ROYALE DE DANEMARK.

COPENHAGUE

ANDR.-FRED. HØST & FILS, ÉDITEURS

1886

Copenhague. — Bianco Luno, imprimeur de la cour (F. Dreyer).

A

LA MARINE FRANÇAISE

PRÉFACE.

————

Cet épisode de la guerre navale de 1808—1809 à été écrit d'après des documents officiels puisés aux archives du ministère de la marine, du ministère des affaires étrangères (Copenhague), et aux archives du ministère de la marine (Paris).

Grâce à une bienveillance qui ne s'est jamais démentie, l'auteur a pu poursuivre ses recherches dans les conditions les plus favo-

rables, et donner à son œuvre un caractère
d'exactitude scrupuleuse qui, à défaut d'autre
mérite, lui permet de compter sur l'indulgence
des amis de la vérité historique.

COPENHAGUE, septembre 1886.

O. Lütken.

LES DANOIS SUR L'ESCAUT.

1808 — 1809.

Trois semaines s'étaient écoulées depuis le débarquement des Anglais dans l'île de Seeland. Livré aux horreurs d'un bombardement sans exemple dans l'histoire, Copenhague capitulait le 7 septembre 1807. A deux heures du matin, après une discussion agitée, les commissaires anglais et danois étaient enfin tombés d'accord, et quelques heures plus tard, les conditions de la capitulation étaient remises au conseil de guerre siégeant à l'Hotel d'Angleterre chez le lieutenant-général Peymann. Le commandant de la place, que les fatigues du siège avaient profondément bouleversé, était alors malade et alité. Il signa la pièce; puis le général Waltersdorff, accompagné des commissaires anglais, la porta au quartier-général établi à Hellerup. Le général Cathcart et l'amiral Gambier y apposèrent leurs signatures.

D'abord accablée et consternée à la nouvelle de cet événement, la population ressentit une grande irritation lorsqu'elle connut le 3e article de la capitulation. La flotte du Danemark, avec tout son équipement et les magasins du chantier, devait, en vertu de cet article, être livrée au gouvernement britannique. Les plénipotentiaires anglais, ayant à leur tète le capitaine Sir Home Popham, exécutèrent leur odieuse besogne sans aucun égard pour la dignité du vaincu. Non seulement les vaisseaux armés furent pris et les magasins vidés, mais on alla jusqu'à détruire tout ce qui, n'étant pas encore achevé, ne pouvait être emmené. Deux vaisseaux de ligne, une frégate et quelques navires de moindre dimension, encore en couples, furent démontés; un vaisseau de ligne presque entièrement construit, précipité de sa cale de construction, et le *Dithmarsken*, autre vaisseau de ligne, alors en dock, fut dévasté.

Le reste de la flotte, prêt à faire voile, se trouvait en rade, lorsque, dans la matinée du 21 octobre, la dernière division de la flotte anglaise leva l'ancre, emmenant avec elle sa proie, c'est-à-dire les vaisseaux du Danemark et de la Norvège. A Langelinie et sur la côte septentrionale de la ville, une foule compacte et silencieuse assistait à ce départ: 22 vaisseaux de ligne, 22 frégates et environ 250 bateaux de transport cinglant vers la mer du Nord, quittaient pour toujours les eaux de la patrie.

A la vue de cette scène douloureuse et grandiose, la tristesse et l'angoisse se peignaient en traits lugubres sur le visage de tous les spectateurs.

En effet, le dernier acte d'une sombre tragédie s'accomplissait. La nation voyait s'évanouir à l'horizon ce qui fut sa force et sa gloire dans le passé. Histoire, traditions, légendes héroïques, tout semblait disparaître à la fois. Après avoir réduit en cendres une ville superbe, l'Anglais emportait dans son repaire la dernière ressource du vaincu. Les chantiers et les magasins étaient vides; le matériel de la navigation, canons, charpente, voiles et cordages, chargé sur les navires, s'en allait maintenant vers la Grande-Bretagne.

Au milieu de ces malheurs, il n'y a pas lieu de s'étonner si les officiers de la marine danoise, se voyant dans l'impossibilité de rien entreprendre pour la défense de leur pays, eurent la passion de servir sous un pavillon étranger, pourvu que ce pavillon fût celui d'un peuple ennemi de l'Anglais.

Or, en ce temps-là, l'empereur Napoléon était en guerre avec la Grande-Bretagne: la France se présentait donc naturellement à l'esprit de nos jeunes marins comme la terre promise, le but de leurs désirs et de leurs patriotiques espérances. Un certain nombre d'entre eux adressèrent au baron Didelot une demande à l'effet d'entrer au service de la France. Malheureusement cette demande n'aboutit pas pour plusieurs raisons. La principale était que l'amirauté danoise, dépourvue de vaisseaux et de canons, mais ayant sous la main un personnel habile, travaillait de toutes ses forces à créer une nouvelle flotte et avait pour cela besoin de tous ses officiers. A la vérité, une pareille œuvre était trop vaste et trop compliquée pour être exécutée en peu de mois. On réussit à construire et à équiper rapidement des vaisseaux de petite dimension, à préparer un matériel de guerre assez considérable. Quant aux vaisseaux de ligne, qui étaient alors les navires de combat proprement dits, leur construction entraînait non seulement beaucoup de frais, mais réclamait encore beaucoup de temps et des ouvriers nombreux.

Deux vaisseaux de ligne de la flotte, la *Princesse Louise Augusta* et le *Prince Christian Frederik*, se trouvant en Norvège au commencement des hostilités, avaient seuls échappé au sort commun. Mais, comme le premier était vieux et en fort mauvais état, ils formaient un bien faible appoint pour une guerre maritime.

Si l'expédition projetée contre la Suède devait se réaliser, le gouvernement danois avait un pressant besoin de grands vaisseaux. Aussi, dans ces circonstances, n'hésita-t-il pas à demander l'assistance de la Russie, son alliée. Celle-ci accueillit favorablement la démarche du Danemark; elle promit et envoya du secours. Une escadre russe fut équipée t placée sous le commandement de l'amiral Hanickoff; on lui assigna les eaux danoises pour destination. En même temps, de Copenhague partirent pour la Russie trois capitaines de vaisseau chargés d'aider et de guider les vaisseaux dans leur navigation. Par malheur, les Russes n'atteignirent pas leur but: à peine l'amiral Hanickoff eut-il quitté Kronstadt qu'une escadre anglo-suédoise le força de se réfugier à Roggersvick et vint l'y bloquer. L'assistance attendue du côté de l'est faisant ainsi défaut, le Danemark tourna ses regards vers son autre allié, la France. Il demanda à Napoléon quelques vaisseaux de guerre pour les équiper de marins danois. Un pareil vœu était irréalisable, il eut néanmoins un résultat avantageux: Napoléon voulut avoir sur l'Escaut des officiers de marine et des matelots danois, et dans ce but il s'adressa au gouvernement de Danemark par l'entremise de son ministre à Copenhague, le baron Didelot, afin qu'on lui envoyât des officiers et des marins à Anvers et à Flessingue. Napoléon devait s'en servir pour équiper trois vaisseaux de ligne de la flotte française récemment créée.

Dans une dépêche du 20 février, le ministre des affaires étrangères, M. de Champagny, écrivant au baron Didelot, expliquait que cette mesure serait particulièrement favorable au Danemark, la flotte de l'Escaut étant destinée à opérer dans la mer du Nord et la Baltique, c'est-à-dire à protéger le Danemark.

On avait tout lieu de croire ici que ce secours de matériel pour une guerre navale se rattachait à une promesse antérieure d'assistance par terre, et que l'envoi de l'escadre dans les parages danois avait pour but de couvrir le trajet de l'armée française sur le Grand-Belt et le Sund pendant que l'on attaquerait la Suède; mais il est douteux qu'en France on ait réellement songé à faire agir l'escadre en dehors de l'Escaut et des parages qui avoisinent ce fleuve.

En même temps, le ministre des affaires étrangères français faisait des démarches dans le même sens auprès de l'envoyé danois à Paris, M. le Conseiller intime Dreyer.[1] Le 18 février, M. de Champagny invita ce dernier à une conférence dans laquelle il lui fit une communication de la part de l'Empereur. Napoléon priait le roi de Danemark d'envoyer un équipage complet d'officiers, de sous-officiers et de matelots pour trois vaisseaux de ligne destinés à opérer dans la Baltique et à défendre les côtes

[1] On trouve le compte-rendu détaillé de ces négociations dans une dépêche chiffrée datée de Paris le 19 février 1808, et adressée au ministre des affaires étrangères, M. Bernstorff, par M. le Conseiller intime Dreyer (Archives du ministère des affaires étrangères, Copenhague).

danoises. Le gouvernement français se char-
geait des frais d'entretien et de la solde de ces
marins. Le conseiller intime Dreyer répondit
sans hésitation qu'une telle proposition pouvait
donner lieu à de grands embarras, attendu que
le marin danois se soumettrait difficilement à un
commandement étranger. M. de Champagny ob-
serva qu'à cet égard il n'y avait rien à craindre,
car l'intention de l'empereur était de confier le
commandement des trois navires à des officiers
danois exclusivement, la France se réservant
uniquement le pavillon et le commandement
en chef.

Ces concessions ne mirent pas fin aux
hésitations de l'envoyé danois; il pria néanmoins
M. de Champagny de ne pas considérer ses
paroles comme un refus. Il allait communiquer
le désir de l'Empereur à son gouvernement, et
il ajoutait que, si les marins danois pouvaient
servir sous des officiers et sous le pavillon de
leur nation, la France trouverait sûrement dans
nos matelots des hommes vaillants et intrépides
qui se rendraient dignes de la confiance de
l'Empereur. Cette condition déplut tellement
au ministre des affaires étrangères qu'il inter-
rompit les négociations par cette réponse pleine
d'aigreur: „Payez donc vous-mêmes vos mate-

lots, si vous ne voulez pas que l'Empereur le fasse."

Après une rupture aussi brusque des négociations dans le cabinet même du ministre, il ne faut pas s'étonner que M. Dreyer, dans son rapport au ministre danois, ait dissuadé son gouvernement d'accepter la proposition de l'Empereur. On ne saurait nier d'autre part qu'il n'eût des motifs légitimes d'hésiter au cours des négociations. La conclusion de sa dépêche prouve en tout cas qu'il jugeait l'affaire en homme pratique et clairvoyant:

„Envoyer, écrivait-il, des matelots et des officiers danois pour équiper trois vaisseaux français, sous commandant et sous pavillon français, serait, selon ma très humble opinion, vouloir renoncer pour toujours à revoir ces trois équipages en Danemark, et abandonner aux caprices de l'Empereur la faculté de les employer où bon lui semble."

Tandis que les négociations conduites à Paris n'amenaient aucun résultat, l'envoyé français à Copenhague, qui s'adressait soit au ministère des affaires étrangères, soit à l'amirauté, avait plus de succès. La proposition fut examinée et discutée avec un soin tout particulier entre le baron Didelot et le gouvernement danois. A la fin, celui-ci se détermina à agir selon le vœu de l'Empereur, *si c'était possible.* Il donnait donc son consentement, mais avec une certaine hésitation, car il pressentait que les avantages d'une pareille entreprise compenseraient avec peine les difficultés auxquelles il se heurterait probablement. C'était de la part du Danemark un acte de déférence vis-à-vis d'un allié puissant et sympathique, comme l'atteste la lettre suivante adressée à M. Dreyer par le ministre des affaires étrangères:[1]

Copenhague, le 15 mars 1808.

„Je n'ai pas manqué de mettre immédiatement sous les yeux de son Altesse le Prince Royal le rapport de Votre Excellence sur la demande du gouvernement français que les officiers et les équipages nécessaires à l'armement de trois vaisseaux de guerre soient envoyés d'ici à Flessingue. Non seulement l'envoyé français à Copenhague m'a fait la même communication, mais il s'est aussi adressé directement à l'amirauté royale, conformément aux instructions contenues dans une lettre du ministre de la marine français reçue par lui plus tard.

---

[1] Archives du ministère des affaires étrangères, Copenhague; Registre intime pour 1808, page 230.

Nous ne méconnaissons pas combien cette demande est flatteuse pour la marine danoise, ni quelle importance politique elle peut avoir pour le Danemark, alors surtout que nous savons par la communication secrète du ministre de la marine à M. Didelot que la flotte à armer à Flessingue est destinée certainement à la mer du Nord et à la Baltique. Mais des difficultés considérables s'opposent en ce moment à l'accomplissement de la demande qui nous a été faite.

„Comme, à l'occasion du débarquement éventuel des troupes en Scanie, nous avons armé non seulement les vaisseaux de guerre qui nous restent encore, et équipé toutes les canonnières et les petits vaisseaux construits jusqu'à ce jour, mais encore armé en hâte plusieurs navires marchands; comme le nombre de nos officiers de marine en activité n'a pas même suffi, que nous avons été obligés d'y remédier en nommant provisoirement des officiers extraordinaires, que, de plus, tous les marins, étant aussi pris pour le service du gouvernement, nous sont par là même indispensables;

„Dans ces circonstances il n'est pas en notre pouvoir de remplir parfaitement le désir que nous a communiqué le gouvernement français, et pour le moment nous avons dù nous borner à choisir deux de nos plus habiles officiers de marine pour se rendre à Flessingue et y offrir leurs services, pendant que nous leur avons indiqué ce port comme la place de rendez-vous de ceux de nos marins qui se trouvent encore en France, en Hollande et en Italie ou qui reviennent de ces Etats. Les ordres nécessaires à cet égard sont déjà expédiés, et un des dits officiers, le capitaine Rosenvinge, est déjà parti pour Flessingue afin d'y convenir des mesures nécessaires et d'y prendre les soins indispensables quant aux marins danois qui s'assemblent dans le port.

„Dès que le trajet des troupes en Scanie sera accompli, nous pourrons faire suivre plus d'officiers.

„Comme M. Didelot a été parfaitement informé de tout ce qui précède et l'aura rapporté à son gouvernement, j'ai voulu seulement communiquer ces renseignements à Votre Excellence afin que, le cas échéant, vous en puissiez faire usage.

Bernstorff.

A

Son Excellence M. le Conseiller intime Dreyer à Paris."

Avec le perspicacité de l'homme de génie, l'Empereur Napoléon avait vu que l'Escaut était l'endroit d'où la flotte française pouvait attaquer l'Angleterre. Une force navale ayant Flessingue pour poterne ouverte sur la Manche, devait contraindre la flotte anglaise à s'immobiliser pour empêcher les navires français de sortir et d'opérer dans la Manche. Sous un commandement énergique, une escadre d'une certaine importance serait un voisinage dangereux pour la côte anglaise. De là ce grand mouvement maritime sur l'Escaut, à Anvers et à Flessingue. Anvers étant converti en une place d'armes pourvue de chantiers et de docks, l'Escaut, à partir de cette ville jusqu'à Flessingue, devenait un port de mer assez vaste pour contenir la flotte la plus puissante. De plus, la situation et les conditions topographiques se trouvaient telles que même un blocus par mer ne pouvait atteindre l'existence de ce port ni diminuer son importance. En effet, les matériaux nécessaires à la construction des vaisseaux et toutes les choses réclamées par les besoins de la guerre seraient facilement importés par la voie des fleuves.

L'exécution de ce plan qui, quelques années plus tard, devait faire d'Anvers un port de guerre de premier ordre, était déjà commencée à cette époque (printemps de 1808) avec la vigueur et l'énergie que Napoléon mettait dans toutes ses entreprises. Sans doute, Flessingue demeurait encore pour un certain temps le quartier d'hiver des vaisseaux de guerre, car l'Escaut fortement gelé ne se prêtait nullement à l'hivernage de la flotte. Mais à Anvers, les chantiers nouvellement bâtis étaient déjà en pleine activité. On y avait fait des magasins; des cales s'étaient élevées et l'on avait commencé à construire des vaisseaux. De toutes parts le travail était mené avec une si grande activité qu'en un temps relativement très court, 8 vaisseaux de ligne furent mis à l'eau et leur équipement commencé.

Le 28 février 1808, un décret impérial ordonna l'armement immédiat des vaisseaux de ligne déjà terminés et la mise sur le pied de guerre de la flotte de l'Escaut[1]:

„Au Palais des Tuileries, le 28 février 1808.

„Napoléon, Empereur des Français, Roi d'Italie, Protecteur de la Confédération du Rhin:

---

[1] Campagne de 1808 — Escadre de l'Escaut; Le contre-amiral Missiessy; Lettres et décisions du ministre. Extrait des minutes de la secrétairerie d'Etat. Archives du ministère de la marine, Paris.

„Sur le rapport de notre ministre de la marine,

„Nous avons décrété et décretons ce qui suit :

Art. 1er.

„Notre escadre de l'Escaut composée de vaisseaux de guerre sera armée, équipée au complet, munie de six mois de vivres, de manœuvres de rechange, et mise en rade de l'Escaut avant le 1er mai prochain.

Art. 2.

„Les équipages de nos 8 vaisseaux de l'Escaut seront formés par les 8 bataillons des matelots de la marine, conformément à l'organisation décrétée par Nous.

Art. 3.

„Ces bataillons seront formés de :
800 marins déjà embarqués sur nos vaisseaux de Flessingue;
1200 matelots pris sur les 2400 meilleurs matelots de Boulogne;
1200 conscrits;
800 hommes de nos troupes d'infanterie, et de 1000 matelots provenant des classes et des levées des villes hanséatiques.

Art. 4.

„Nos ministres de la guerre et de la marine et des colonies sont chargés, chacun en ce qui le concerne, de l'exécution du présent décret.

Signé Napoléon,

Par l'Empereur

Le ministre secrétaire d'Etat

Signé: le Baron Maret.

Pour copie conforme,

Le ministre de la marine et des colonies

Decrès.“

Il est hors de doute que la construction de ces vaisseaux de ligne et de huit autres déjà élevés sur les cales devenues vacantes fut exécutée avec une hâte qui ne comportait pas même la critique la plus modérée; mais le problème de créer une division navale dans le plus bref délai était résolu, et l'ordre absolu de l'Empereur exécuté. Quant à la question de savoir dans quelles conditions ces navires avaient été construits et pendant combien de temps ils pourraient tenir la mer, elle était pour le moment et au milieu des préoccupations de la guerre, d'une importance secondaire.

Si nous voulons aujourd'hui examiner cette question, il ne sera pas sans intérêt de consulter le témoignage d'un officier de marine danois[1] qui se trouvait alors (1808) en position de connaître le mode de construction des navires français dans les chantiers d'Anvers.

„La construction des vaisseaux, écrivait le lieutenant Schifter, se fait d'une si mauvaise manière qu'on tremble nécessairement pour les marins malheureux confiés dans ces vaisseaux à l'élément dangereux. D'après l'assurance des ingénieurs, ils ne sont bâtis que pour une durée de 8 ans, car pour le moment il s'agit seulement de se procurer un grand nombre de vaisseaux. Le bois vert dont ils sont charpentés, et qui fait que même les cartouches pourrissent dans les magasins à poudre, joint à la mauvaise construction, nous permet d'assurer qu'ils ne dureront pas plus longtemps. Je n'ai pas osé développer ici mes observations dans la crainte qu'elles ne tombent en des mains étrangères. Mais, si l'amirauté l'ordonne, je lui enverrai plusieurs preuves de ce que j'ai avancé.“

Malgré la rapidité d'un travail qui permettait de construire en si peu de temps des vaisseaux de guerre, de les armer et de les

---

[1]) Rapport du lieutenant de vaisseau A. Schifter à l'amirauté. Dépêches reçues en 1808. No 1819. Archives du ministère de la marine. Copenhague.

mettre à l'eau, il n'était cependant pas au pouvoir de l'Empereur de se procurer des équipages accoutumés à la mer et de bons matelots capables de former le noyau de sa nouvelle organisation navale.

Dans ces circonstances, la convention conclue dernièrement avec le Danemark était une bonne fortune; et, comme il avait été convenu que les deux nouveau vaisseaux de ligne le *Pultusk* et le *Dantzick* qu'on était en train d'équiper à Flessingue seraient commandés par des officiers de la marine danoise et auraient à leur bord un équipage danois, cet arrangement fut reçu avec un certain contentement des deux côtés. En Danemark, on espérait encore obtenir une assistance effective des Français; en France, cette convention assurait à deux vaisseaux de ligne de la nouvelle flotte un équipage de marins exercés et solides.

Le matelot marchand du Danemark et de la Norvège jouissait alors comme à présent d'une réputation méritée: habitué à la mer dès son enfance et connaissant à fond son métier, il devenait une précieuse recrue pour la marine militaire qui l'aurait sous son pavillon.

La convention franco-danoise étant conclue en principe quant aux commandements, à la solde et aux autres dépenses, le gouvernement danois commença, dans la première moitié du printemps 1808, les démarches nécessaires à l'exécution de ce projet.

Les ports de l'Ouest et du Sud de l'Europe étaient justement alors remplis de navires marchands danois et norvégiens que le blocus anglais empêchait de mettre à la voile. Les équipages de ces vaisseaux, inactifs dans les ports, souhaitaient ardemment une occassion qui leur permît de reprendre la mer. C'est dans ces circonstances que le gouvernement danois, par l'entremise des autorités consulaires locales, donna l'ordre de diriger ces marins aguerris sur Flessingue. En même temps, les officiers, sous-officiers et l'effectif nécessaire se tenaient prêts à quitter le Danemark. Le commandement du Pultusk et du Dantzick avait été confié aux capitaines Rosenvinge et au baron de Holsten[1].

On sait que le capitaine Rosenvinge était parti pour Flessingue au commencement du printemps, afin de recevoir les équipages danois

[1] Sigvart Urne Rosenvinge, né en 1758, nommé sous-lieutenant en 1779, mort capitaine de vaisseau en 1820.

Hans, baron de Holsten, né en 1758, nommé sous-lieutenant en 1780, mort amiral en 1849.

qui arrivaient successivement et de commencer l'équipement des vaisseaux. Aussitôt il s'était mis en rapport avec le ministre de la marine à Paris, le vice-amiral Decrès[1], et lui avait écrit la lettre suivante[2]:

„Monseigneur,

„J'ai l'honneur de rendre compte à Votre Excellence que, conformément à l'ordre que j'ai reçu de mon auguste Souverain le Roi de Danemark, je me suis présenté chez Monsieur le contre-amiral Missiessy, commandant de l'escadre de l'Escaut, qui m'a montré ainsi qu'à mes officiers toute la bienveillance et l'amitié qu'il est possible, et a donné tous ses soins aux marins danois qui se trouvent maintenant ici sous mes ordres.

„Comme M. l'amiral m'a destiné le commandement du vaisseau de sa Majesté Impériale, le *Pultusk*, je ne puis mieux lui marquer ma reconnaissance qu'en obéissant ponc-

---

[1]) Le duc Denis Decrès naquit le 18 juin 1762 dans le département de la Haute Marne. Nommé enseigne de vaisseau en 1782, il parcourut successivement les divers grades de la marine, reçut la direction de la marine en 1801, fut nommé vice-amiral en 1804 et mourut en 1820.

[2]) Campagne de 1808. Escadre de l'Escaut. Le contre-amiral Missiessy. Lettres et décisions du ministre. p. 111. Archives du ministère de la marine, Paris.

tuellement aux ordres qu'il me donne. Les marins danois qui se trouvent maintenant ici sont embarqués à bord du vaisseau le *Pultusk*; mais commes ces hommes ne suffisent pas pour faire l'armement du vaisseau, Monsieur l'amiral, pour le présent, a laissé à bord, jusqu'à l'arrivée des officiers et des marins danois, les officiers et les marins français qui s'y trouvaient avant. Lorsque le *Pultusk* aura son état-major et l'équipage, le reste des officiers et des marins danois embarquera à bord du *Dantzick*.

„J'ai l'honneur d'être

de Votre Excellence

le très humble et très obéissant serviteur

Rosenvinge.

Flessingue, le 9 avril 1808.

A Votre Excellence Monseigneur Decrès, Ministre de la marine et des colonies, grand cordon de la Légion d'honneur et

chef de la 10ᵉ cohorte."

A cette lettre qui témoignait des bonnes dispositions et de l'empressement du chef danois, le ministre de la marine en France répondit de la manière bienveillante que voici[1]:

---

[1] Campagne de 1808. Escadre de l'Escaut. Le contre-amiral Missiessy. Lettres et décisions du ministre. p. 112. Archives du ministère de la marine, Paris.

„Lettre dictée par le ministre:
„Paris, le 18 avril 1808.

„A M. le capitaine Rosenvinge,
„commandant le vaisseau de S. M., le Pultusk.

„Flessingue.

„Monsieur le commandant,

„J'ai reçu votre lettre du 9 de ce mois. Déjà le contre-amiral Missiessy m'avait rendu compte de votre arrivée que j'ai apprise avec grand plaisir. J'ai vu que, conformément aux ordres de l'Empereur, mon auguste maître, de l'exécution desquels j'avais chargé ce contre-amiral, le commandement du *Pultusk* vous a été remis, et que les marins danois seront distribués sur ce vaisseau au fur et à mesure de leur arrivée.

„Je suis fort aise, Monsieur le commandant, de cette circonstance qui va exercer entre les marins de deux nations si intimement liées une émulation inappréciable d'expérience, de dévouement et de gloire.

„Réunis sous le même pavillon, Français et Danois n'éprouveront d'autres sentiments que ceux d'une estime réciproque et du besoin de battre l'ennemi commun.

„Recevez, M. le commandant, l'assurance de ma considération très distinguée.

Decrès."

Les relations entre les autorités de la marine française et l'officier de la marine danoise ne pouvaient commencer sous de meilleurs auspices. La bonne volonté du capitaine danois et la réception empressée des Français semblaient promettre une coopération amicale dans la future campagne.

Vers la fin d'avril, le second capitaine, baron de Holsten, reçut la lettre suivante de l'amirauté[1] qui lui enjoignait de partir:

„Une escadre française armée à Anvers sera augmentée de deux vaisseaux de guerre mouillés à Flessingue, et ceux-ci seront équipés et commandés par des marins danois. Pour ce motif, nos marins revenus des ports étrangers sont dirigés sur Flessingue, et toutes les mesures sont prises pour que les matelots conscrits des îles de la mer de l'Ouest y soient envoyés. Le capitaine Rosenvinge y est déjà arrivé; il prend soin de l'équipement des deux vaisseaux. Les officiers subalternes nécessaires ont reçu l'ordre de partir et de se présenter devant lui.

„Tous les frais de cet équipement seront au compte du gouvernement français.

---

[1] Livre de copies de l'amirauté pour 1808. no. 1. p. 576. Archives du ministère de la marine. Copenhague.

„Comme vous êtes désigné, M. le capitaine, pour commander un des deux vaisseaux de guerre susmentionnés, vous partirez pour Flessingue où vous vous adresserez au capitaine Rosenvinge ou à l'amiral en chef, afin qu'on vous indique le vaisseau dont vous prendrez le commandement.

„Fait à l'amirauté le 23 avril 1808.
Knuth. Steen-Bille. Grove.
N. Perbæl."

Le même jour l'ordre de départ fut expédié aux autres officiers des deux vaisseaux de ligne, savoir:

Pour le Pultusk:

Le capitaine S. U. Rosenvinge, commandant.
Le capitaine de frégate Stephansen.
Lieutenant Schifter.
—   J. C. de Falsen.
—   Thunbo.
Sous-lieutenant Sönderup.
—   Falbe.
Aspirants de marine et officiers auxiliaires:
S. C. Petersen.
H. J. Sneedorff.
C. C. Zahrtmann.

Aspirants de marine: P. W. Brown.

              O. W. Erichsen.

              H. A. Holm.

Chirurgien major Hammer.

Commissaire   Boshau.

Pour le Dantzick:

Le capitaine baron d'Holsten, commandant.

Le capitaine de frégate Th. Fasting.

Lieutenant F. Holsten.

    —   F. W. Evers.

Sous-lieutenant J. A. Recke.

    —   A. Willoch.

    —   Mechlenborg.

Aspirants de marine et officiers auxiliaires:

C. A. Bendz.

J. L. Barfred.

C. F. Grove.

Aspirant de marine H. Fischer.

    —   F. W. Andersen.

    —   J. C. Duntzfelt.

Chirurgien major Michaelsen.

Commissaire   Winding.

Le commissariat de la guerre à Copenhague fit expédier des passeports à tous ces officiers, et le voyage gratuit leur fut garanti préablement jusqu'à Hambourg. Les sous-officiers et l'effectif devaient partir en quatre groupes séparés, commandés par les capitaines de frégate Fasting et Stephansen, le lieutenant Schifter et le sous-lieutenant Recke. L'amirauté prit en outre soin de mentionner sur les passeports que les villes fourniraient autant de voitures et de chevaux qu'il en serait requis aux magistrats locaux, attendu que le nombre des marins emmenés ne saurait être fixé d'avance et que, d'autre part, le voyage ne souffrait pas de délai[1].

Avec les moyens de communication que nous possédons aujourd'hui, le voyage de Copenhague à Flessingue est un trajet de courte durée, c'est aussi la ligne la plus rapide pour se rendre à Londres. En moins de 30 heures, par Hambourg, Osnabrück et Wesel, on arrive à Flessingue, d'où les grands paquebots hollandais conduisent le voyageur jusqu'à l'embouchure de la Tamise.

Au commencement du siècle, il n'en était pas de même. Le voyage était long et pénible; et, comme les passages entre les îles danoises

---

[1]) Lettre de l'amirauté du 25 avril 1808 au Commissariat de la guerre. Archives du ministère de la marine. Copenhague.

étaient gardés par des croiseurs anglais, la route de Copenhague au continent présentait des dangers. Dans ces conditions, on comprendra que les 4 divisions qui partirent de Copenhague pour Flessingue à peu près en même temps, ne pouvaient faire chaque jour de longues marches; et, si l'on suit attentivement les péripéties du voyage du capitaine Fasting et de sa division — en tout 16 officiers, sous-officiers et marins — pendant les cinq premières journées, on se rendra compte des obstacles qui hérissaient alors la première partie de la route. Après cinq jours de difficultés inouïes, d'entraves de toute sorte, le capitaine Fasting n'était arrivé qu'à Faaborg. Voici, du reste, le rapport adressé à l'amirauté par cet officier[1]; il contient une description fidèle de son voyage et des ennuis qui l'accompagnèrent:

„Rapport.

„28 avril. Parti de Copenhague avec l'équipage énuméré sur la liste ci-incluse.

„29. A 8 heures du matin, arrivé à Korsœr, où, par les soins de M. le lieutenant comte de Trampe, j'ai reçu 3 bateaux brise-glace

---

[1] Archives du ministère de la marine, Copenhague: dépêches reçues en 1808, n° 734.

sur lesquels j'ai quitté Korsœr à midi et demi pour me rendre à Langeland, en longeant Agersœ et Omœ. Près de Nyborg se trouvaient un vaisseau de ligne et un brick, et à Sprogœ il y avait un caboteur danois armé par l'ennemi. A 4 heures après midi, étant à un demi mille environ à l'ouest d'Omœ, nous avons vu un caboteur venant de Langeland et un brick arrivant du Sud, que je pouvais très bien distinguer comme étant un brick de guerre. Pour cette raison je suis allé à terre afin de voir quel chemin le brick prendrait. Vers la nuit, il jeta l'ancre à un demi mille à peu près à l'ouest d'Omœ. Nous découvrîmes que le caboteur était un des grands bateaux de Langeland allant à Skielskœr. Le vent venait de l'ouest le soir, et je n'osais faire le trajet pendant la nuit, pensant que je ne pourrais gagner le Langeland avant le jour. La nuit, entre 1 heure et 2, j'ai aperçu plusieurs fois des fanaux près de Langeland, et au point du jour j'ai découvert un brick qui était passé durant la nuit et qui faisait ses efforts pour atteindre le vaisseau de ligne à Nyborg.

„30. Avant midi, un vaisseau de ligne et une frégate, ou peut-être deux frégates et un caboteur, sont passés ici venant du sud, et ils ont ancré à Nyborg en compagnie du brick de cette nuit. Ce matin, par un vent du nord-ouest, j'ai pris la mer avec les bateaux dans l'espoir de me rendre à Langeland, tenant le lof du brick en sud-ouest assez loin pour qu'il ne pût m'atteindre; mais lorsque je fus à un quart de mille environ de la terre, le vent souffla de nouveau de l'ouest; je vis les deux vaisseaux venant du sud, et je cherchai la terre encore une fois. Cette nuit nous eûmes une brise fraîche d'ouest-sud-ouest, et je ne pouvais sortir pour les mêmes raisons que la nuit dernière.

„Cette après-midi, à 3 heures, le lieutenant Recke est arrivé de Korsœr sur un grand bateau et un bateau brise-glace avec la 2e division des marins destinés à Flessingue. Mais le bateau ne pouvant facilement traverser jusqu'à Langeland, nous le fîmes retourner à Korsœr; j'espère pouvoir transporter l'équipage dans nos bateaux brise-glace, dans un bâtiment revenu de Nyborg et un autre appartenant à la garnison qui est ici à terre.

„1er mai. Le vent et la situation sont les mêmes. Ce matin un koff est passé par Langeland sud, et un caboteur vers le nord.

Cette après-midi, un bateau venu du brick s'approcha de la terre, et longea la côte méridio-

nale a une distance d'un quart de mille. Comme
4 bateaux brise-glace lui faisaient la chasse,
il s'éloigna de la terre et rejoignit le brick.
Au coucher du soleil, le vent tourna vers le
nord-ouest avec une petite brise. Nous sor-
tîmes avec 5 bateaux brise-glace et la yole de
la garnison militaire de l'île. Nous traversâmes
le Sund entre Agersœ et Omœ, afin de nous
diriger vers Langeland si nous pouvions passer
en longeant la dernière île.

„Le 2. A 1 h. $\frac{1}{4}$ du matin, le vent venant
de l'ouest, comme nous ne pouvions passer
devant l'île avec tous les bateaux et que le
jour commençait à poindre, nous retournâmes
à terre, pour ne pas être observés par le brick.
Le lieutenant Recke, dont le bateau brise-glace
était le plus léger et le meilleur voilier, tenait
pendant la nuit le lof si loin de nous que nous
le perdions de vue; et comme nous ne l'avons
pas vu au point du jour, j'espère qu'il a fini
heureusement sa traversée.

„Ce soir, à 10 heures, je distribuai mon
détachement de l'équipage sur 4 bateaux brise-
glace, les meilleurs pour ramer et naviguer,
et nous nous approchâmes de Langeland. La
nuit précédente, je m'étais convaincu que les
bateaux, en prenant les deux détachements à

leur bord, seraient trop chargés et encombrés. C'est pourquoi j'y laissai le détachement du lieutenant Recke, afin d'être plus sûr de pouvoir faire la traversée avec le mien.

„A minuit, j'atteignis Langeland par une brise fraîche du sud-est. Je déchargeai les bateaux et les envoyai immédiatement à Omœ. Je ne doute pas qu'ils n'aient fait le trajet heureusement avant le jour. Aussi pourrai-je, à la première occasion, faire traverser un autre transport. A mon arrivée à Langeland, j'y trouvai le lieutenant Recke qui avait réussi dans sa traversée, avec 3 hommes de son détachement.

„De la pointe septentrionale de Langeland je partis ce matin pour Hesselager, et ce soir, je suis arrivé ici par terre. Demain matin je me rendrai à Assens, d'où je traverserai le petit Belt. On dit que le passage de Boïden n'est pas sûr.

„Faaborg. le 3 mai 1808, à 11 heures du soir.

„Votre très humble serviteur
„Fasting.
„A l'amirauté royale.“

Le détachement du capitaine de frégate Fasting parvint à Altona le 7 mai au soir; les autres divisions y arrivèrent avant le 15 du même mois.

L'ordre général expédié par l'amirauté aux officiers le 23 avril, avant leur départ de Copenhague, leur enjoignait de s'adresser, à Hambourg, au commandant de place à l'effet d'obtenir le transport gratuit et une lettre de crédit pour les frais de voyage jusqu'à Flessingue, car le transport se faisait aux frais du gouvernement français[1]. Les autorités militaires françaises à Hambourg ne l'entendirent pas tout-à-fait ainsi. En effet, d'après plusieurs rapports[2], le colonel Hamelinaye, commandant de la place, déclara n'avoir reçu aucun ordre concernant les lettres de crédit, et refusa de satisfaire les officiers danois sur ce point. On se contenta de leur délivrer une feuille de route impériale qui leur assurait le transport gratuit, le logement et la nourriture. Il suffisait pour cela de s'adresser à l'officier commandant en chef de chaque station. Ces conditions étaient bien différentes de celles qui avaient été prévues dans l'ordre de l'amirauté. On ne peut donc s'étonner

[1]) Livre de copies de l'amirauté pour 1808. p. 578.
[2]) Archives du ministère de la marine. Copenhague: dépêches reçues en 1808. nos 781. 782. 785 (Rapports du capitaine de frégate Fasting. du lieutenant Holsten et du sous-lieutenant Recke).

que cette façon d'agir ait un peu diminué l'ardeur que les marins Danois avaient d'abord montrée en songeant qu'ils allaient se venger de la perfide Albion et combattre à côté de la marine française. Quant à faire revenir le commandant de place sur sa détermination, la chose n'était pas facile pour des étrangers. Il fallait se soumettre aux circonstances et continuer sa route.

Le jour où les détachements danois quittèrent Altona, l'enthousiasme et l'espérance de la première heure étaient singulièrement refroidis.

Que les autorités militaires de Hambourg ne fussent pas complètement insensibles à une protestation vigoureuse contre les arrangements pris pour transporter les marins, cela résulte d'une petite altercation survenue alors entre un officier danois, le lieutenant Holsten en route pour Flessingue, et deux Français, le colonel Hamelinaye et le commissaire de guerre. Holsten, qui, pendant cette première partie du voyage, s'était démis un bras en tombant de voiture, devait rester quelques jours à Altona. Lors de son départ, il s'adressa comme ses camarades au commandant de place à Hambourg. N'ayant pas réussi dans ses démarches, il refusa de se servir de la feuille de route française et se procura ailleurs l'argent nécessaire pour sa traversée. La fermeté de son attitude lui valut néanmoins un changement dans le rédaction de son passeport, bien qu'à cet égard la protestation fût moins correcte et pût difficilement recevoir l'approbation de l'amirauté. [1]

---

[1] Le rapport du lieutenant Holsten sur cet épisode (Archives du ministère de la marine, Copenhague: dépêches reçues en 1808, n⁰ 782) contient les détails suivants:

„Le commandant de place, M. le colonel Hamelinaye, à qui, d'après l'ordre reçu, je me suis adressé, ordonna qu'on me remît un passeport en vertu duquel je devais avoir gratuitement non seulement le transport, mais aussi le logement et la nourriture: quant aux lettres de crédit, au contraire, il m'assura qu'il n'avait point d'instructions à cet égard.

„Je fis l'observation qu'il était très difficile de voyager sans argent, car dans un tel trajet il pouvait se présenter des cas où l'argent fût nécessaire; que cette manière de voyager était encore plus désagréable à des officiers de marine danois non accoutumés . voyager aux dépens d'autrui. Cependant, voyant qu'il ne pouvait prendre d'autres mesures, je le quittai avec l'assurance que le gouvernement qui m'avait donné l'ordre de partir me donnerait aussi les moyens de l'exécuter.

„Chez le commissaire de guerre je reçus mon passeport. et à cette occasion je ne crois pas superflu de rapporter ici qu'en le parcourant j'y trouvai ces mots: *Pour le lieutenant de marine Holsten qui se rend à Flessingue au service de Sa Majesté l'Empereur et Roi.* Je crus à une erreur d'écriture et le lui fis observer. Il s'étonna et me demanda s'il n'en était pas ainsi. — Je lui demandai s'il pouvait croire qu'en temps de guerre

Vers le milieu du mois de mai, le futur commandant du *Dantzick*, le capitaine baron de Holsten, arriva enfin à Hambourg, et le 17 il repartit, accompagné du lieutenant Hölsten. Ce ne fut que 10 jours après qu'ils atteignirent Dordrecht, en Hollande. Le capitaine Stephansen se trouvait encore dans cette dernière ville; deux autres détachements commandés par les lieutenants Schifter et Recke, l'avaient quittée quelques jours auparavant pour se diriger sur Flessingue [1].

Les officiers et les détachements déstinés à composer les équipages du *Pultusk* et du

il me fût possible de servir d'autre prince que celui dont j'avais l'honneur de porter l'uniforme. Et comme il me répondait: „Ah! ce n'est que pour le moment“, je répliquai que ce n'était point pour le moment, qu'en partant pour un port étranger, je voulais seulement servir le prince à qui j'avais prêté serment et sous le pavillon où j'avais appris à servir; que d'aucune façon je n'accepterais un tel passeport et que j'en demandais un autre. On m'en donna un où les mots: *Au service de Sa Majesté l'Empereur et Roi* furent remplacés par: *Pour être employé dans les vaisseaux qui sont à armer.*“

[1] Il faut observer ici comme une chose étrange que la feuille de route expédiée à l'ordre du prince de Pontecorvo ne valait que jusqu'à la ville de Wesel, et qu'ainsi la dernière partie du voyage devait être faite à leurs dépens. (Archives du ministère de la marine, Copenhague: dépêches reçues en 1808, n° 930).

Dantzick étaient arrivés successivement à Flessingue.

Le transport des marins vers l'Escaut par terre ne s'était pas effectué sans quelques difficultés. Dans les ports où il y avait des stations de la marine française, on refusait aux consuls danois des passeports pour les gens qui devaient partir et que l'on préférait garder pour le service des vaisseaux de guerre français. [1]

Dès son arrivée à Flessingue (le 1er juin), le capitaine Holsten trouva l'armement en bonne voie, sous la direction du capitaine Rosenvinge. Après avoir été présenté au contre-amiral Comte Édouard Thomas Burgues de Missiessy [2], commandant en chef des forces

---

[1] Ainsi une lettre du consul danois à Lisbonne, M. Ayres, au Conseil d'économie et de commerce (7 mai 1808) déclare que, conformément à l'ordre reçu, 88 seconds et matelots avaient été rassemblés, mais que le maréchal Junot, duc d'Abrantès, alors général en chef en Portugal, bien que connaissant la convention passée entre les gouvernements français et danois mettant les matelots danois à la disposition de l'Empereur, voulait les employer dans les vaisseaux de guerre qui opéraient sur le Tage, et qu'il leur avait refusé les passeports. M. Ayres y avait consenti dans la pensée qu'il épargnerait par là les frais du voyage à son gouvernement et que les gens seraient d'ailleurs bien traités.

[2] L'amiral Burgues de Missiessy naquit à Toulon le 23 avril 1756. Nommé officier (enseigne de vaisseau) le 4 avril

navales sur l'Escaut, Holsten s'embarqua sur le *Dantzick* où il trouva son futur commandant en second, le capitaine de frégate Fasting, occupé à l'armement du vaisseau.

Au printemps 1808, la division navale de l'Escaut, sous le commandement de l'amiral Missiessy, comprenait les vaisseaux de ligne suivants [1] :

		canons		matelots	soldats	régiment
1.	le *Charlemagne* . . .	74	Contre-amiral Missiessy Capt. Willaumez	556	78	48e
2.	le *Commerce de Lyon*	74	— Hulot	572	78	108e
3.	l'*Anversois*	74	— Soleil	495	95	65e
4.	le *Duguesclin*	74	— Saizieu	525	97	36e
5.	le *César*	74	— Moras	562	99	72e
6.	la *Ville de Berlin* . .	74	— Roquebert	467	98	46e
7.	le *Dantzick* [2]	74	— Holsten	647	98	75e
8.	le *Pultusk* [2]	74	— Rosenvinge	641	60	25e

1777, il parcourut successivement les différents grades de la marine, devint contre-amiral le 1er janvier 1793, vice-amiral le 9 mars 1809, et mourut le 24 mars 1837.

[1]) Situation de la marine au 1er juillet 1808 (Préfecture d'Anvers, escadre de l'Escaut en rade d'Œdekenkercke). Archives du ministère de la marine, Paris.

[2]) Quant aux deux derniers vaisseaux de ligne qui, pendant cette campagne, avaient 4 canons de moins qu'il n'avait été ordonné, on peut ajouter les détails suivants sur leur armement et leur approvisionnement:

Leur armement complet était:

28 canons   de 36 livres

30   —   de 18 —

12   —   de 8 —

14 caronades de 36 —

Les conditions dans lesquelles les officiers et les équipages danois étaient appelés à servir n'étaient rien moins que faciles, et l'on pouvait prévoir dès le début qu'elles seraient la source de tiraillements réciproques.

Le *Dantzick* et le *Pultusk*, munis d'équipages danois, mais portant en même temps le pavillon français, se trouvaient sans nul doute sous les ordres de l'amiral Missiessy ; pourtant, le lien qui les rattachait à l'amirauté de Copenhague n'était pas complètement brisé. Les Danois se considéraient toujours comme soumis aux lois et règlements maritimes de leur pays. Aussi envoyaient-ils leurs rapports et leurs comptes-rendus à l'amirauté, et, s'ils avaient des plaintes et des griefs a formuler, c'était à son autorité suprême qu'ils en appelaient.

Une pareille dépendance devait avoir pour résultat d'amener des conflits entre les autorités françaises et les chefs danois.

En réalité, l'appui de l'amirauté ne compensait pas les avantages qui pouvaient résulter d'un accord constant avec les autorités françaises.

- - — — — - —

Les vaisseaux de ligne avaient à leur bord des approvisionnements pour 60 jours et de l'eau pour 70 jours. (Etat de la situation du personnel de l'escadre de l'Escaut ; Archives du ministère de la marine, Paris.)

Il semble d'ailleurs que les officiers danois et même les deux commandants du *Dantzick* et du *Pultusk* ne se soient pas bien rendu compte des circonstances et de la situation. Mais la faute n'en serait-elle pas à l'amirauté qui, on peut le supposer, n'aurait pas donné aux officiers danois avant leur départ des instructions assez nettes et assez précises?[1]

Ceux-ci quittèrent le Danemark, pleins d'espérances vagues et ayant devant les yeux les plus brillantes perspectives. Si donc l'amirauté comprenait à cette époque le rôle que le gouvernement français voulait attribuer au contingent danois, elle eut grandement tort de ne pas tracer exactement aux chefs leurs devoirs ainsi que la limite de leurs droits.

Afin de mieux s'expliquer les embarras et les difficultés qui surgirent dès le commencement, il est nécessaire de décrire les dispositions du service à bord du *Pultusk* et du *Dantzick.*

Outre les Danois, ces deux vaisseaux comprenaient un élément français assez considérable. D'abord, les Danois n'étant pas initiés à la comptabilité, l'administration de la marine avait

---

[1]) Le registre des dépêches expédiées par l'amirauté en 1808 contient seulement l'ordre ci-dessus. donné au capitaine Holsten. de partir pour Flessingue.

confié ce service à des Français. Puis, un capitaine de frégate[1], remplissant les fonctions d'intendant supérieur, avait sous ses ordres un état-major de fonctionnaires français; de plus, les soldats, commandés par un capitaine et deux lieutenants, appartenaient à la même nationalité. Enfin, 100 matelots français conscrits étaient à bord du *Dantzick*, sous le commandement de deux officiers de marine. On pensait que ce contact avec des marins et des officiers expérimentés serait une bonne école pour de jeunes matelots. Les Danois formaient le reste de l'équipage[2].

La présence sur le même vaisseau d'hommes de nations, de mœurs et de caractères si différents présentait toute espèce d'inconvénients

[1]) Le capitaine Obet sur le *Pultusk* et le capitaine Drouault sur le *Dantzick*.

[2]) Nous avons des renseignements exacts sur la nombre des matelots composant l'équipage du *Dantzick*, dans un rapport du capitaine Holsten (5 juillet 1808):

„Nous avons à bord, écrit-il, un total de 539 Danois, et en outre, à l'hopital, 32 Danois appartenant au *Dantzick*, dont un, Jorgen Hennings de Flensborg, est mort le 23 du mois dernier. Il y a de plus 3 officiers de marine français, l'officier de terre, 5 intendants, 5 médecins, des soldats et des conscrits. Total: 205 Français.

„L'amirauté verra que nous sommes beaucoup plus nombreux qu'il n'est nécessaire. (Archives du ministère de la marine, Copenhague: dépêches reçues en 1808. n° 1329).

au point de vue du service. D'un autre côté, les conditions du commandement à bord, le rôle séparé de l'intendance, la situation particulière des soldats, rendaient encore la situation plus difficile et, au point de vue militaire, plus précaire.

A ces raisons principales de mécontentement mutuel s'en ajoutaient d'autres qui contribuaient à aigrir les rapports soit parmi les officiers, soit dans l'équipage.

La même précipitation qui avait présidé à la construction de la flotte de l'Escaut en avait aussi compromis l'équipement et l'armement. Aussi les commandants danois, habitués à des navires et à un matériel de choix, trouvaient-ils particulièrement pénible pour leur responsabilité de servir dans les plus déplorables conditions, avec des poulies, des palans et des cordages si faibles qu'ils se brisaient entre les mains pendant le travail et les manœuvres. La confiance, mère de l'héroïsme, manquait donc à bord du *Dantzick* et du *Pultusk*; l'insuffisance du matériel était évidente pour tous, officiers et matelots. [1]

____

[1] Les relations des capitaines Rosenvinge et Holsten à bord du *Dantzick* et du *Pultusk* nous font connaître l'état de

Pour maintenir la bonne humeur et la santé dans les équipages, deux conditions sont indispensables: une nourriture suffisante et une couchette supportable. Par malheur ces deux conditions faisaient encore défaut, et les matelots danois eurent beaucoup à en souffrir, surtout pendant les premiers temps de la campagne.

A la vérité, la qualité des aliments était bonne, et la quantité même suffisante pour des Français; mais l'appétit des Danois et des

---

la flotte nouvellement construite et prête à mettre à la voile sur l'Escaut.

„Les outils en fer sont mauvais et se brisent tous les jours; les poulies n'ont ni dés de fonte ni chevilles, le disque même est en bois de chêne ou de frêne.

„Le magasin de poudre à canon est si humide qu'il faut tous les jours mettre des cartouches de côté parcequ'elles ne peuvent servir. On ne fait point de manœuvre sans que le gréement se brise, et en tirant un seul coup d'une demi-charge des caronades, les bragues se rompent. Il en est de même des guinderesses toutes les fois qu'on les emploie, quoiqu'elles soient à quatre rouets, d'une épaisseur de 10 pouces, et qu'elles doivent être du meilleur fil. Dans les vaisseaux on ne trouve qu'une seule pompe à feu médiocre. Les engins pour le pointage consistent uniquement en deux coins qui glissent par suite du tir des autres canons, de telle sorte qu'on perd et son point de mire et son temps." (Archives du ministère de la marine, Copenhague: dépêches reçues en 1808, no 2003, rapport commun des capitaines Rosenvinge et Holsten.)

Norvégiens ne pouvait s'en contenter. Accoutumés dans leur pays à une nourriture forte et substantielle, nos marins devaient regretter amèrement leur verre d'eau-de-vie le matin, leur bouillie de gruau, ainsi que le beurre, les pois, le lard et la ration abondante de bière [1].

Quant au second grief — l'absence de couchettes et de couvertures — c'était un usage sur les vaisseaux français que les matelots, au lieu de les recevoir gratuitement de l'intendance,

---

[1] L'alimentation sur les vaisseaux de guerre danois avait toujours été très abondante. Au 16e siècle, les équipages ne recevaient pas de portions distinctes, à l'exception de la bière. Chacun pouvait manger autant qu'il voulait, et l'ordinaire consistait en bouillie de gruau le matin, et en pois avec du lard ou des harengs saurs à midi et le soir. La ration de bière hebdomadaire n'était pas au-dessous de 20 litres par homme. Sous les règnes de Frédéric IV et de Christian VI, la ration de bière et de pois fut restreinte: on ne donnait de pois au diner que 4 fois la semaine, le reste du temps c'était de la bouillie de gruau. Un verre d'eau-de-vie tous les matins était une nouveauté.

A l'époque dont nous parlons ici, c'est-à-dire au commencement du 19e siècle, on abolit l'usage du poisson salé qui avait été introduit au temps de Niels Juel. On adopta plusieurs mets nouveaux, tels que potage aux confitures et bizambrot: la ration de bière fut encore diminuée, tandis que celle d'eau-de-vie fut doublée. (H. G. Garde).

Sur les vaisseaux français les hommes ne recevaient pas de beurre, mais une grande quantité de haricots auxquels ils n'étaient pas accoutumés.

se les procuraient et les payaient sur leur solde. Grand embarras pour les Danois, car le 8 juin, ni officiers ni équipages n'avaient encore reçu aucune avance sur leur solde; et d'ailleurs, lors même qu'ils auraient eu de l'argent, ils auraient été dans l'impossibilité d'acheter des objets qui manquaient complètement[1].

C'est pourquoi, tandis que les Français possédaient des hamacs et des couvertures, les Danois étaient obligés de coucher sur le pont, sans abri contre les intempéries. Un pareil couchage serait à peine supportable pendant l'été pour des hommes qui travaillent durement le jour.

Bientôt des plaintes arrivèrent au ministre de la marine, et, bien que les griefs n'eussent pas encore une grande importance, l'amiral Decrès s'en émut et envoya à Flessingue un aide-de-camp avec ordre d'examiner la situation. Plus tard, un administrateur ministériel, muni de pleins pouvoirs, fut chargé d'introduire dans

[1] Dans un rapport à l'amirauté le capitaine Holsten écrit:
„Tous les jours, de 4 à 8 hommes sont mis sur la liste des malades, parcequ'ils n'ont ni couchette, ni une nourriture suffisante. Nous n'avons pas pu nous procurer des couchettes, même pour de l'argent." (Archives du ministère de la marine. Copenhague: dépêches reçues en 1808, n⁰ 1071.)

le règlement des vivres toutes les améliorations réclamées par l'état des choses. La nourriture des marins danois fut donc modifiée[1], et dès lors on espéra avoir supprimé tout motif de plainte ultérieure à cet égard.

La preuve du bon vouloir des Français et de leur disposition à faire cesser tout ce qui était de nature à refroidir l'amitié des Danois se trouve dans un rapport adressé à l'Empereur par l'amiral Decrès.

„Je fus informé, écrivait-il, qu'ils se plaignaient avec raison de ce qu'on ne s'était pas occupé sur le champ de leur fournir des hamacs et des couvertures. On ajouta qu'on trouvait la ration ordinaire du matelot français insuffisante; enfin que leur solde n'était pas payée exactement. Je donnai des ordres pour qu'il leur fût donné aussitôt des hamacs et couvertures nécessaires et pour qu'on payât exactement leur solde.

„Je reçus l'avis que, malgré mes ordres, le paiement de la solde ne s'exécutait pas aussi promptement que je l'aurais désiré. Les

---

[1] Les changements dont il est question ici consistaient en la distribution d'un quart de vin à la place de la bière, et dans le remplacement de la ration de légumes par une plus grande ration de viande.

marins danois se plaignaient que les hamacs qu'on leur avait donnés n'étaient pas à leur gré, attendu qu'ils sont habitués à y adapter un petit matelas qui n'est pas dans les usages français.

„Pour en finir sur ces plaintes, je donnai l'ordre positif dans le mois de juin qu'on exécutàt pleinement et sans délai l'ordre donné par Votre Majesté de traiter les Danois quant à leur solde comme les marins français de leurs grades respectifs.“

Comme ces concessions n'amenaient pas le résultat qu'on en avait attendu, le ministère de la marine donna l'ordre de payer à l'avance aux équipages danois la solde de deux mois, et l'argent fut mis à la disposition du capitaine Rosenvinge.

Ces différentes mesures prouvent qu'à cette époque le ministre voyait le danger que courrait l'escadre entière, si le mécontentement grandissait parmi les marins étrangers. L'amiral Decrès comprenait la nécessité de l'apaiser dès le commencement.

C'est pourquoi, pour y arriver par la voie la plus rapide et la plus sure, il résolut de se mettre en rapport direct avec le capitaine

Rosenvinge, qui était le plus ancien officier de marine danois.

Dans son rapport à l'Empereur, le ministre s'en explique de la manière suivante:

„A cette époque, il m'était revenu des bruits défavorables à l'esprit qui animait les Danois embarqués sur les vaisseaux de Votre Majesté. J'écrivis à M. Rosenvinge pour l'informer personellement des dispositions que je prenais en faveur de ses équipages, pour qu'il en surveillât l'éxecution et m'en rendît compte, lui prescrivant de correspondre avec moi sur ce qu'il croirait utile au service dont il était chargé, sans rien modifier d'ailleurs de ses rapports de subordination envers l'amiral[1]."

La bienveillance témoignée aux commandants danois aurait dû porter les meilleurs fruits. Pour un commandant de vaisseau, le fait d'être préféré à tous ses camarades, et de pouvoir, sans l'intermédiaire du chef de l'escadre, communiquer directement avec le ministre sur les affaires qui touchent au bien-être de son équipage, constituait assurément une distinction de nature à aplanir bien des difficultés. De cette

---

[1] Affaire Rosenvinge, archives du ministre de la marine. Paris.

façon, et pourvu qu'on y apportât la modération et la prudence nécessaires, on pouvait
obtenir bien des avantages.

Cependant, il faut bien l'avouer, le
capitaine Rosenvinge manquait de certaines
qualités de clairvoyance et de perspicacité
indispensables pour comprendre la situation et
jouer le rôle qui lui était dévolu par les circonstances. Il n'a pas compris qu'une telle
faveur avait ses dangers: c'était comme une
épée à deux tranchants qu'une imprudence ou
un abus pouvait tourner contre lui-même.

A peine se vit-il exempté de l'obligation
de suivre la voie hiérarchique, c'est-à-dire de
soumettre l'exposé de ses griefs ou de ses
demandes au chef de l'escadre, qu'il envoya à
l'amiral Decrès un rapport détaillé, d'un ton
parfois énergique, dont le fond roulait sur la
question des vivres.

La lettre du capitaine Rosenvinge[1], datée
du vaisseau de guerre le *Pultusk*, Œdekenkercke, le 30 juillet 1808, nous offre un spéci-
men de ce genre de communications:

---

[1]) Campagne de 1808, Escadre de l'Escaut. Le contre-ad-
miral Missiessy, lettres et décisions du ministre, page 113.
Archives du ministère de la marine, Paris.

„Je montais le *Pultusk* avec un bon équipage danois. Peu de temps s'était écoulé lorsque je trouvai que l'insuffisance de la ration ne serait pas le moindre obstacle que j'aurais à vaincre. Que Votre Excellence s'imagine les sentiments d'un commandant, au moment où deux hommes de son équipage, comme plaideurs pour la cause des autres, se présentent de la manière la plus respectueuse, montrent leur ration et donnent par là la preuve la plus parfaite de son insuffisance.

„Que Votre Excellence se représente les sentiments que les paroles suivantes d'un équipage souffrant peuvent faire naître:

„— Des ports les plus éloignés de l'Europe nous sommes allés au service de notre patrie; nous avons bravé la misère après avoir mangé le dernier sol de notre payement péniblement gagné à bord des bâtiments marchands; nous avons bravé avec constance la saison la plus rigoureuse et des chemins presque impassables. Nous avons vu nos camarades équisés de fatigue tomber à notre côté; mais tout obstacle était anéanti par la vue glorieuse de défendre les côtes de notre patrie sous son pavillon. Mais même cet encouragement nous était enlevé dans l'instant où nous fûmes commandés à bord des vaisseaux sous un pavillon étranger où les besoins de la vie nous sont à peine accordés."

L'amiral Decrès était absent de Paris lorsque la lettre du capitaine Rosenvinge parvint au ministère de la marine. Elle lui fut expédiée à Rochefort où il se trouvait en tournée d'inspection, et lui causa une grande surprise. En effet, n'avait-il pas lieu d'espérer que les plaintes des marins, et particulièrement celles qui avaient trait à la question des vivres, avaient à tout jamais pris fin? Comment expliquer un document de cette nature dont les termes semblaient laisser entrevoir que les équipages danois mouraient littéralement de faim?

Assurement le ministre ne pouvait que taxer d'exagération le rapport du capitaine Rosenvinge. On était au milieu de l'été (juillet); les équipages des six autres vaisseaux de ligne vivaient de la même manière que les Danois. Or, quel que fût l'appétit scandinave, le besoin d'une nourriture plus substantielle ne pouvait être de la dernière urgence.

Au surplus, les circonstances n'étaient pas si désespérées, car Rosenvinge terminait sa dépêche en observant que, si l'on ajoutait à la ration une toute petite quantité de beurre utile à la santé des Danois, cela suffirait pour l'été, mais que l'hiver nécessiterait une augmentation de nourriture.

Néanmoins le ministre prit bonne note de la plainte: il avait peut-être une raison toute spéciale pour examiner de plus près les choses. En effet, Rosenvinge demandait dans la même lettre que le capitaine de frégate français en service sur le *Pultusk*[1] fût éloigné ainsi qu'un autre officier français, attendu qu'ils ne pouvaient s'accorder avec les officiers danois. Bien que cette requête fût d'une nature un peu délicate, l'amiral fit aux Danois des concessions plus grandes qu'on ne pouvait espérer. La lettre du capitaine Rosenvinge fut aussitôt communiquée à l'amiral Missiessy avec prière de donner son opinion quant à l'éloignement des deux officiers. Missiessy répondit qu'il connaissait bien cette affaire, que Rosenvinge était injuste envers les deux Français, mais que pourtant il donnerait l'ordre de les éloigner et de les faire passer aussitôt que possible sur le vaisseau le *Dalmate*[2].

---

[1]) Le capitaine Obet.

[2]) Le *Dalmate* se trouvait encore en ce moment sur la cale de construction. Le 13 octobre 1808, le capitaine Obet quitta le *Dantzick* pour servir sur le *Dalmate*.

Malgré ces égards des autorités françaises pour les griefs articulés par le capitaine Danois, il va sans dire qu'on ne pouvait immédiatement remédier à tous les maux. Des questions autrement graves absorbaient alors l'attention du ministre, et les petites affaires intérieures de la flotte de l'Escaut disparaissaient devant ces grands intérêts.

Cependant les équipages, les commandants et principalement le capitaine Rosenvinge voyaient avec déplaisir l'ajournement des réformes et améliorations qu'ils avaient sollicitées. Le capitaine Obet servait toujours sur le *Pultusk*; le matériel était toujours aussi médiocre; ajoutons à cela la nouvelle que l'escadre allait bientôt mettre à la voile, et l'on comprendra le désir de Rosenvinge d'adresser au ministre de la marine une nouvelle requête. Seulement, il est regrettable que le capitaine ait employé dans l'expression de ses plaintes un langage et un ton peu faits pour lui concilier la bienveillance du ministre français[1].

---

[1] Dans son rapport présenté à l'Empereur à cette occasion, le ministre de la marine qualifie la lettre du capitaine Rosenvinge *d'inconvenante*, et dit qu'elle le force de prendre les ordres de Sa Majesté. (Affaire Rosenvinge; archives du ministère de la marine, Paris).

La lettre porte la date du 6 septembre 1808. Le fond en est le même que dans les communications antérieures, avec cette différence qu'on y voit une sorte d'ultimatum adressé à l'administration de la marine[1].

Qu'on en juge:

„Votre Excellence me permettra de déclarer que la conduite de M. le capitaine de frégate Obet dans les derniers temps a été telle qu'il m'est impossible d'être placé plus longtemps à côté de cet officier.

„Je ne trouverai pas de place convenable dans cette lettre pour citer mes plaintes; mais si ma simple assurance ne vous est pas un garant que ma demande est juste, je pourrai ajouter des preuves qui vous convaincront qu'il ne me reste que le souhait que lui ou moi quitte le vaisseau.

---

[1]) On y retrouve les plaintes sur l'insuffisance de la nourriture, sur la condition des vaisseaux, l'absence de hamacs, de couvertures, de médicaments et de pompes à feu. On pousse les détails jusqu'à se plaindre de n'avoir pas reçu une chaise de combat pour le charpentier. Ici l'exagération est évidente; aussi Decrès n'a-t-il pas tout-à-fait tort quand il dit: „Il a le ridicule de se plaindre de n'avoir pas de chaise de combat. Cette chaise consiste en deux rabans croisés qu'on se procure à bord quand on veut." (Affaire Rosenvinge; archives du ministère de la marine, Paris.)

„Homme de mer d'expérience, il est de mon devoir de déclarer à Votre Excellence qu'une partie du proposé est d'une telle importance que si l'on n'y fait pas des changements avant le départ de l'escadre, la perte de mon honneur, de celui de la marine danoise, et peut-être la perte d'une partie de la marine française en sera la suite, comme aussi par les deux premières raisons, je ne pourrai en ce cas justifier devant mon Roi de ne pas demander de quitter un commandement qui n'aboutira qu'à un résultat funeste.

„Chaque Danois réfléchit sur l'imperfection de nos vaisseaux; le mécontentement augmente, et en même temps redouble l'envie de retourner au pays dont les bras sont ouverts, dont l'honneur est inséparable de celui des équipages, et qui se réjouira de son retour, de le voir délivré de l'état pénible où il se trouve."[1]

La lettre du capitaine Rosenvinge abordait aussi un point important qui devait bientôt être soumis à l'empereur par un rapport détaillé du duc Decrès.[2]

---

[1]) Lettre du capitaine Rosenvinge, datée du vaisseau le *Pultusk*, à l'ancre en rade d'Œdekenkercke, le 6 septembre 1808. (Archives du ministère de la marine, Paris.)

[2]) Affaire Rosenvinge; sommaire de la correspondance du capitaine Rosenvinge, Danois employé sur l'escadre de

Le plus ancien commandant de vaisseau de ligne français, le capitaine Soleil [1], se trouvant être depuis moins longtemps au service que les capitaines Rosenvinge et Holsten [2], il s'agissait de savoir à qui serait dévolu le commandement de la flotte, au cas où l'amiral serait tué ou bien mis hors d'état de commander par une cause quelconque. Les Danois prétendaient que, vu leur ancienneté de service, ils ne pouvaient être placés sous les ordres du capitaine Soleil.

C'était là, il faut l'avouer, une prétention déplacée, ou pour le moins risquée, de la part d'étrangers au début de la campagne. En tout cas, la solution pouvait en être ajournée, et il était facile de prévoir l'attitude des autorités françaises devant une pareille demande.

Voici d'ailleurs en quels termes Rosenvinge s'adressait au ministre de la marine le 6 septembre 1803 : [3]

----

l'Escaut; et: Examen des plaintes et prétentions de M. Rosenvinge. (Archives du ministère de la marine, Paris.)

[1] Le capitaine Soleil, commandant le vaisseau de ligne l'*Anversois*, fut nommé capitaine de vaisseau le 24 septembre 1803.

[2] M. Rosenvinge fut nommé capitaine le 14 juin 1799; le baron de Holsten, le 18 décembre 1801.

[3] Archives du ministère de la marine, Paris.

„J'ai raison de supposer que le capitaine de vaisseau, M. Soleil, est regardé comme le plus ancien de l'escadre; il doit être bien pénible à M. le baron Holsten et à moi, comme plus anciens capitaines de la marine danoise, de ne pas nous voir placés comme nous devions l'être, tout contrairement à l'ordre impérial qui nous accorda les mêmes droits qu'aux sujets de sa Majesté Impériale. Comme guerrier, la loi militaire adoptée de toutes les nations, de suivre toujours l'ancienneté, vous est connue. Votre Excellence nous pardonnera par cette raison de déclarer que dans aucun cas nous ne pouvons être que sous les ordres de celui qui a le droit d'ancienneté."

Au lieu de répondre par écrit, le ministre de la marine se contenta d'envoyer au commandant en chef de la flotte la lettre suivante, avec ordre de communiquer oralement le refus catégorique de l'Empereur aux deux officiers danois:[1]

---

[1]) Comme preuve du déplaisir causé par cette question, nous pouvons observer que Rosenvinge, en recevant la réponse du ministre, pria l'amiral Missiessy de lui en donner copie, et qu'il essuya un refus.

[1] Paris, le 18 août 1808.

„Le ministre

„A M. le contre-amiral Missiessy, commandant l'escadre de l'Escaut.

„M. le contre-amiral, par votre dépêche du 10 de ce mois, vous me faites remarquer que MM. les capitaines de vaisseau danois commandant des vaisseaux de l'Empereur sur l'Escaut, ont des brevets de capitaine de date plus ancienne qu'aucun des capitaines de vaisseau français employés sur la même escadre, et vous demandez à qui doit advenir le commandement de l'escadre dans le cas quelconque où vous cesseriez de l'exercer.

„Cette question sur laquelle la nature même des choses me faisait pressentir les intentions de l'Empereur, a dû cependant être soumise par moi à S. M., et voici quelle a été sa décision que vous notifierez en cas de besoin à ceux qu'elle concerne:

„Les capitaines, officiers et équipages danois employés sur l'escadre française de l'Escaut y servent auxiliairement, et dans cet état de

---

[1]) Campagne de 1808. Escadre de l'Escaut; le contre-amiral Missiessy. Lettres et décisions du ministre, dossiers des bâtiments, p. 52. (Archives du ministère de la marine, Paris.)

choses, le commandement supérieur de l'escadre appartient au plus ancien commandant de vaisseau français, qui se trouverait en cas d'absence ou par toute autre cause succéder à l'amiral dans l'ordre du tableau de la marine française, lorsque cet amiral cesse d'exercer ce commandement.

„Recevez, M. le contre-amiral, l'assurance de ma considération distinguée.

Decrès."

La manière hautaine dont l'Empereur traita cette question de l'ancienneté convainquit les deux capitaines de l'inutilité de poursuivre la discussion à cette égard. Néanmoins, considérant comme un devoir de défendre l'honneur de la marine à laquelle ils appartenaient, ils recoururent à l'amirauté danoise et réclamèrent sa protection. Dans ce but, ils lui adressèrent un rapport commun[1] portant principalement sur la question d'ancienneté, mais contenant en outre une plainte détaillée de tous les abus non encore abolis et dont les équipages danois étaient toujours victimes.

Le rapport est daté du vaisseau de guerre

---

[1] Archives du ministère de la marine, Copenhague; dépêches reçues en 1808, n° 2003.

le *Pultusk*[1], 31 (?) septembre 1808, à l'ancre sur l'Escaut, à Flessingue.

„Nous posons la question respectueuse, écrivaient-ils, si nous pouvons ou devons renoncer à notre ancienneté, d'autant plus que nous ne servons pas sous le cher pavillon danois, et par conséquent n'avons pas de raison de nous considérer comme auxiliaires.

„Nous prions beaucoup que le conseil nous protège dans cette affaire, et nous espérons qu'à toutes les autres choses désagréables que nous avons à souffrir il ne faut pas ajouter que nous soyons dédaignés comme des officiers de marine danois qui peuvent sans doute être mis de côté par tous les autres.

„Certainement nous n'avons pas besoin d'observer combien nous souffrons en nous

---

[1]) Ce vaisseau était ainsi appelé en souvenir de la bataille de *Pultusk*. Les Français lui avaient donné le nom corrompu de *Pulstuck*. Les officiers danois appelèrent l'attention des Français sur cette erreur, mais le bâtiment n'était connu officiellement que sous cette dénomination dans les listes, règlements etc. Ce n'était donc pas chose facile d'obtenir une rectification. Aussi conserva-t-il ce nom même parmi les Danois, soit dans les actes officiels, soit dans la conversation, jusqu'au jour où l'Empereur, découvrant la faute par hasard, ordonna de la corriger en ajoutant cette observation: „Les Français ne connaissent donc pas même le nom de leurs victoires." (Archives navales 8e volume, Copenhague.)

voyant, malgré la meilleure volonté, privés de moyens efficaces, et étant ainsi la cause que la marine danoise puisse perdre la gloire et l'estime qu'elle possède depuis les temps les plus reculés chez les amis et les ennemis."[1])

A Copenhague, on fut très désagréablement surpris en recevant ce rapport, d'où il résultait clairement que la situation sur l'Escaut n'était pas supportable pour les Danois. Les chefs de l'administration de la marine furent bien obligés de s'avouer que la cause de ces relations mauvaises qui, en empirant chaque jour, pouvaient amener une catastrophe, ne devait pas être exclusivement attribuée à ceux qui, pour le moment, avaient à en supporter les conséquences. L'amirauté comprit alors que l'origine des conflits se trouvait dans la manière défectueuse dont les choses avaient été arrangées dès le début. Aussi crut-elle de son devoir d'employer son influence pour hâter la suppression des abus dont on s'était plaint avec tant d'insistance, tout en évitant de heurter les autorités françaises par une démarche inconsidérée.

L'amirauté eut recours à l'expédient d'envoyer le rapport au ministère des affaires

---

[1]) Dépêches au ministère royal des affaires étrangères. (Livre de copies de l'amirauté pour 1808, p. 1658, Copenhague.)

étrangères, en priant le ministre de prêter son concours pour le redressement des torts allégués, par l'intermédiaire de l'envoyé danois à Paris, le conseiller intime, M. Dreyer.

Afin de montrer d'ailleurs quelle était l'opinion de l'amirauté sur cette question et sur la conduite des deux officiers, nous citerons les passages principaux de la réponse envoyée par elle à Flessingue.[1]

„A M. le capitaine Rosenvinge,
à Flessingue.

„Afin que vos prétentions exposées au ministre de la marine puissent avoir suite, nous avons envoyé au ministre des affaires étrangères votre dernière lettre du 28 septembre avec la prière d'effectuer par notre ministre à Paris ce qui sera nécessaire. Le conseil se range entièrement à votre opinion et à celle de M. le baron Holsten quant aux défectuosités, par exemple l'état humide de la chambre à poudre à canon, la mauvaise qualité du fer et des poulies, le défaut de pompes à feu etc., et nous ne pouvons retenir notre étonnement qu'un chef d'escadre comme l'amiral Missiessy puisse

---

[1] Livre de copies de l'amirauté pour 1808. p. 1659. Archives du ministère de la marine. Copenhague.

rester muet devant ces griefs. Seulement il faut prendre soin que les plaintes se fassent avec la modération nécessaire dans le choix des expressions.

„Parmi vos prétentions, il y en a une que le conseil trouve un peu hasardée; c'est qu'à la mort éventuelle de l'amiral en chef, vous, quoique étranger, vous preniez le commandement d'escadre et d'expédition. Nous ne croyons pas que le gouvernement français l'accorde, et nous ne croyons pas non plus qu'il serait de votre intérèt bien entendu d'accepter une telle responsabilité . . .“

„Au conseil de l'amirauté,
„le 22 octobre 1808.

„Wleugel.   Bille.   Grove.“

Quelque désagréable que fût à Copenhague l'impression causée par le rapport des capitaines Rosenvinge et Holsten, le gouvernement danois aurait eu une idée beaucoup plus nette des difficultés et des dangers de la situation, s'il avait connu le contenu du document dont nous avons déjà parlé et que Decrès présentait vers ce temps là à l'Empereur Napoléon. Le ministre y discutait les divers griefs articulés par les Danois et exposait ce qui avait été accompli pour y faire droit. L'exagération des prétentions danoises y était l'objet d'une critique aussi juste que sévère, ainsi que la manière dont elles avaient été formulées dans les derniers temps. Quant aux modifications dernièrement proposées pour le règlement des vivres, [1] le ministre dissuadoit absolument l'Empereur de faire aucune autre concession, se fondant sur ce qu'on en avait déjà fait assez, et sur l'augmentation de dépenses qui en résulterait.

Le ministre conclut son rapport à l'Empereur par cette déclaration significative:

„Enfin toutes les plaintes de détail de M. Rosenvinge ne font qu'annoncer un capitaine inepte qui a pris pour système de tout blâmer, ou un homme de mauvaise volonté qui ne veut tirer parti de rien.

„En lisant la correspondance de M. Rosenvinge, qui parle en son nom et en celui de tous les Danois, on ne voit qu'humeur, mécontente-

---

[1]) Le capitaine Rosenvinge avait proposé de restreindre, pour les équipages danois, les rations suivantes: sel, poisson, biscuit, huile, et d'augmenter les rations de bœuf salé, de légumes, de riz, de bière, de beurre, de pruneaux et de mélasse. Le ministre fit observer que la nourriture d'un matelot danois coûterait ainsi 3 f. 60 de plus que celle d'un matelot français, ce qui augmenterait la dépense annuelle de 187,000 f.

ment, prétentions et souvent ineptie. Il annonce, que son roi ne lui pardonnerait pas de ne pas demander de quitter son commandement si on ne fait pas droit à ses plaintes.

„A travers quelques expressions d'admiration pour l'Empereur et de dévouement à sa gloire, on distingue éminemment les plus mauvaises dispositions d'esprit, et cet homme qui, il y a un mois, ne présentait que des demandes modérées, a changé subitement de manière d'être, soit qu'il ait reçu des insinuations défavorables de son pays, soit parceque jugeant prochain le départ de l'escadre par les préparatifs qu'il voit faire, il conclut d'après la saison que sa destination n'est pas pour la Baltique, ce qui le mécontente ainsi que le baron de Holsten, et lui inspire le désir de quitter le service de Votre Majesté et de restourner dans son pays.

„Je ne puis qu'exprimer à Votre Majesté qu'on ne peut augurer favorablement des dispositions des officiers danois, que je prévois qu'ils ont inspiré leur mécontentement à leurs équipages, et qu'il devient nécessaire ou de les faire réprimander fortement par leur gouvernement, ou de demander d'autres capitaines.

„J'y comprends le baron de Holsten,

parceque M. Rosenvinge le comprend dans ses prétentions et qu'il est présumable qu'elles sont communes à l'un et à l'autre, ainsi que le mauvais esprit qui dicte cette correspondance.

Decrès.«

La fin de ce rapport ne laisse aucun doute sur l'état d'esprit du ministre. En voyant le commandant danois répondre si mal aux efforts tentés pour adoucir le sort des équipages danois, l'amiral Decrès se montre visiblement offensé; il y a lieu même de s'étonner que le ministre n'ait pas avisé au remplacement des commandants du *Pultusk* et du *Dantsick*.

Pendant l'été, l'escadre s'était trouvée à l'ancre sur l'Escaut, dans la rade d'Œdekenkercke, et plus tard, à la fin de l'automne, à Flessingue. Les vaisseaux avaient été organisés, les équipages exercés, et le mouillage transporté du côté de l'ouest, à l'embouchure du fleuve: tout semblait donc indiquer que l'escadre allait mettre à la voile.

Quelque temps après, la face des choses se modifia: le bruit courait que la campagne de l'année était finie, que les vaisseaux, aux approches de l'hiver, seraient désarmés. Ce bruit se confirma, car le 15 novembre, le commandant en chef reçut de Paris l'ordre de se rendre à Flessingue et d'y désarmer.[1] Le *Pultusk* fit son entrée dans ce port le 30 novembre, quelques jours après le *Dantzick*. Le capitaine Rosenvinge était descendu avec son vaisseau jusqu'à Flessingue dès le 29 novembre au soir; mais le pilote ayant refusé de le faire entrer en rade à cause de l'obscurité, Rosenvinge s'était vu dans la nécessité d'ancrer hors de la rade.

Le lendemain matin, il y eut un grand orage du S. O. et une houle violente. L'endroit du mouillage, entouré de bas-fonds, n'était pas sûr, bien que le vaisseau de ligne eût ses deux ancres en dehors. Le commandant chercha néanmoins à entrer, et il y réussit. Le *Pultusk* fila l'une de ses cordes à bout, leva l'autre ancre et s'avança vers l'intérieur de la rade.

Les équipages des vaisseaux de guerre français, qui suivaient attentivement la marche du *Pultusk*, ne purent contenir leur admiration à la vue de cette manœuvre pleine de hardiesse. Allant à mâts et à cordes, sans avoir mis une seule voile, le navire danois pénétra dans la rade par une forte brise, soulevant devant lui

---

[1]) L'ordre du ministre de la marine pour le désarmement de la flotte de l'Escaut est daté de Paris, 7 novembre 1808.

des montagnes d'écume. Il cingla étroitement derrière le *Ville de Berlin*. Mais, au moment où la barre fut mise en abord pour tourner vers la place d'ancrage, la drosse éclata. Dans cet instant critique où le vaisseau était sans gouvernail, Rosenvinge, conservant tout son sang-froid, fit tomber son ancre. Heureusement la corde ne se brisa pas, et le *Pultusk* resta en place.[1]

Déjà avant que les deux commandants danois eussent reçu de l'amirauté le conseil de se montrer plus réservés envers les autorités françaises, il était survenu une cause de querelle. Une nouvelle requête de la part des Danois et un refus catégorique de la part des Français avaient fait disparaître tout ce qui pouvait rester de bienveillance mutuelle ainsi que la possibilité d'une collaboration fructueuse pour l'avenir.

Comme nous l'avons déjà raconté, la flotte de l'Escaut avait commencé son hivernage à Flessingue vers le milieu du mois de décembre. A bord des vaisseaux on avait amené le pavillon et la flamme; les équipages restaient

---

[1] Archives du ministère de la marine, Copenhague: dépêches reçues en 1808, n° 2347. (Rapport du capitaine Rosenvinge.)

pourtant constitués; le service continuait; deux officiers et deux aspirants de marine montaient alternativement la garde dans chaque vaisseau. Le jour se passait à décharger le matériel des navires et à travailler dans le chantier, car, d'après l'ordre du ministère, le matériel d'armement devait être peu à peu enlevé et porté dans les magasins. C'était là un travail fatiguant et désagréable, surtout pour les marins danois. Pendant les jours froids ou humides de l'hiver, avec un chantier d'une installation défectueuse, les marins souffraient beaucoup. [1]

Ajoutons à cela que les vaisseaux démantelés constituaient un séjour déplorable. Les cheminées manquaient à bord, et, comme le manger se cuisait à terre, les cuisines des vaisseaux étaient absolument dépourvues de feu. Le froid et l'humidité régnaient partout, depuis le pont supérieur jusqu'en bas: nulle place pour sécher les habits mouillés; défense

----

[1] Rosenvinge, dans un rapport daté de Flessingue, 7 décembre 1808: „Les officiers et les aspirants de marine sont toujours au travail avec les hommes ...

„Nos excellents matelots n'en sont et ne peuvent en être satisfaits, les lieux se trouvant dans un état pitoyable et les gens enfonçant dans l'argile jusqu'au dessus du genou." (Archives du ministère de la marine, Copenhague; dépêches reçues en 1808, n° 2347.)

même d'avoir de la chandelle pour s'éclairer. Ces conditions, lamentables au point de vue sanitaire, ne tardèrent pas à produire un effet désastreux. Bientôt le nombre des malades s'éleva à trente sur le *Pultusk*, à quarante sur le *Dantzick*. Les autres vaisseaux furent encore plus cruellement atteints. Et, comme il n'y avait pas d'hopital à terre pour recevoir les malades, on devait les garder à bord sans être à même de leur procurer les soins nécessaires. De là, mauvaise volonté et découragement chez les marins obligés de passer l'hiver à Flessingue, et de demeurer inactifs sous un pavillon étranger, pendant que leur pays était en guerre. Un pareil état de choses remplissait de tristesse et d'amertume les commandants.

D'après ce qu'on pouvait présumer, il était peu problable que les Danois fussent renvoyés du service français, ou qu'un changement quelconque vînt modifier la situation. Dès le printemps, la flotte, renforcée par les vaisseaux de ligne construits dans l'année, serait armée de nouveau et remise en activité. La perspective de combattre avec la flotte anglaise de la Manche eût été accueillie avec joie dans toute autre circonstance; mais alors, après les contrariétés et les misères subies pendant l'été, en

présence d'un matériel et d'un armement défec-
tueux, les Danois se montraient peu disposés
à l'enthousiasme. Et cependant Rosenvinge et
Holsten avaient une confiance illimitée dans la
valeur de leurs équipages: avec des canons,
des voiles, des cordages, un matériel enfin tel
qu'ils le désiraient, ils se sentaient de force à
se mesurer avec n'importe quel vaisseau.

Dans cette conviction, ils résolurent de
tenter un dernier effort pour obtenir les améliorations dont l'ajournement avait jusqu'alors
paralysé leur bonne volonté. Et comme, d'après
l'expérience acquise pendant leur séjour sur
l'Escaut, ils pouvaient témoigner sans partialité
qu'un navire équipé et gréé à la manière danoise
était préférable, surtout au point de vue de
l'installation pratique et professionnelle, ils adressèrent au ministre de la marine français une
pétition tendant à ce que, lors de l'armement
futur, le *Pultusk* et le *Dantzick* fussent gréés
selon la méthode de leur pays. Cette pétition
fut envoyée quelques semaines avant que
l'escadre reçut l'ordre d'entrer dans le port.

La réponse de Decrès, transmise par
M. Malouet, préfet maritime à Anvers,[1] devait,

---

[1] Victor Pierre, baron Malouet, nommé préfet maritime à
Anvers le 25/2 1808.

par son contenu aussi bien que par sa forme,
ôter à tout jamais l'envie de proposer des
changements ou des améliorations quelconques
dans les vaisseaux de la flotte de l'Escaut.

„Le ministre me prescrit de nouveau très
impérativement de ne m'écarter sur aucun point
du règlement, qui doit être exécuté à bord du
Pultusk et du *Dantzick* comme sur tous les
autres vaisseaux, l'installation devant être uniforme sur toute l'escadre. Je vous engage
donc, Messieurs, à ne plus rien demander pour
l'installation danoise.

„J'ai l'honneur de vous saluer avec une
parfaite considération

Malouet,
Préfet maritime.

Anvers, le 9 octobre 1808.

„A M. de Rosenvinge,
capitaine de vaisseau, commandant le *Pultusk*."[1]

La lettre de l'amirauté, en date du 22
octobre, rapportée plus haut, recommande aux
chefs des deux vaisseaux de montrer plus de
sagesse dans leur attitude vis-à-vis des autorités
françaises. Malheureusement elle n'arriva pas

---

[1] Archives du ministère de la marine, Copenhague; dépêches reçues en 1808. no 2082.

à destination assez tôt pour empêcher cette démarche irréfléchie.

Sans aucun doute, la proposition des capitaines Rosenvinge et Holsten avait pour but de perfectionner le matériel et de mettre leurs équipages dans les meilleures conditions, en vue de se rendre le plus utiles à la marine qu'ils servaient. Cependant, on s'imagine difficilement qu'ils aient pu croire à l'acceptation d'une pareille demande. La France respectait assurément la flotte danoise dont elle connaissait la glorieuse histoire; mais elle ne songeait guère à la prendre pour modèle. Il eût donc été plus sage de ne pas oublier les leçons du passé, et de réfléchir en outre que la proposition seraient considérée par les Français comme une critique du système adopté pour l'équipement et l'armement de la flotte de l'Escaut.

Cependant l'année touchait à sa fin sans apporter aucun espoir de changement. Le travail monotone du chantier, le manque de divertissements à Flessingue, ne faisaient qu'accroître les ennuis et l'abattement des marins danois. Le soir, quand le travail était terminé, les officiers de la flotte se rassemblaient d'ordinaire dans les cafés ou les cabarets de la ville pour boire et faire leur partie de billard.

Les Danois n'assistaient presque jamais à ces réunions amicales, vu la difficulté de soutenir une conversation en langue française. D'ailleurs, ils se trouvaient plus à l'aise dans leur propre *mess*. Les commandants Rosenvinge et Holsten avaient loué dans la ville une maison, où se réunissait la colonie danoise composée des officiers et aspirants du *Pultusk* et du *Dantzick*, et où ils prenaient leur modeste repas en commun. [1]

Vers la fête de Noël, le mécontentement était à son comble. Dans toutes leurs conversations et toutes leurs discussions, les officiers danois ne parlaient que des conditions malheureuses de leur existence; ils témoignaient leur mécontentement de se voir inactifs dans un port militaire, tandis que chez eux l'activité régnait de toutes parts, dans le Cattégat, le Sund et les Belts, pour organiser la défense du pays. Le désir de rentrer chez eux, de voir flotter au-dessus de leur tête le pavillon

---

[1] L'économie était de rigueur, car les appointements n'étaient pas régulièrement payés. Ainsi, le 18 décembre 1808, la solde d'environ 4 mois était due aux officiers et aux équipages, et les officiers n'avaient pas reçu pendant 3 mois la somme due pour leur nourriture. (Archives du ministère de la marine, Copenhague; dépêches reçues en 1809, n° 23.)

royal, devint si violent que, huit jours avant la fête de Noël, tous les officiers des vaisseaux de ligne résolurent de tenter une démarche commune auprès de l'amirauté, à l'effet de se faire rapatrier. Ils envoyèrent donc la pétition suivante: [1]

„La connaissance de l'intérêt que le conseil royal a toujours montré au bien-être de toute la marine aussi bien qu'à celui de ses membres en particulier, nous donne l'espérance qu'il exaucera cette pétition et nous délivrera de l'état misérable où nous nous trouvons ici. La même conviction nous rend assez hardis pour exposer les motifs qui justifieront notre désir. L'entrée de l'escadre dans le bassin de Flessingue et son désarmement complet nous convainquent que l'expédition est finie. Un récit des désagréments de l'été dernier serait pour le conseil royal un résumé superflu.

„Un hiver à passer dans l'inactivité et la paresse, et ensuite un été plus terrible que celui que nous avons déjà subi, nous attendent. Le but du sage et noble gouvernement de Danemark a toujours été de distribuer également le

---

[1] Archives du ministère de la marine, Copenhague; dépêches reçues en 1809, n° 23.

fardeau à tous ses sujets. Nous osons donc avec la plus grande soumission vous rappeler combien il nous doit être douloureux de nous voir éloignés d'une patrie aimée, sans pouvoir être utiles à sa défense lorsqu'il nous tarde d'agir pour elle. Nous sommes dans un pays étranger, sous un pavillon étranger, inactifs, pourvus d'armes qui ne nous laissent pas le moindre espoir de mériter la gloire que la marine du Danemark a reçue en héritage, dont elle est justement fière et que nos camarades maintiennent et confirment chaque jour par leur bravoure. La gloire de la nation et la nôtre nous commandent de présenter cette réquête, afin que nous soyons arrachés à une situation aussi lamentable.

„Le noble prince de Danemark, convaincu de l'équité de notre pétition très soumise, ne refusera pas sa protection à des sujets qui en ont le plus grand besoin. Aussi, dans la pleine confiance que le conseil royal, connaissant complètement notre triste situation, approuvera notre pétition, nous attendons avec un désir ardent l'arrivée du jour où nous pourrons partager avec nos compatriotes le danger et la gloire de défendre les côtes de notre bien-aimée patrie.

„Au nom de tous les officiers du *Pultusk*.

„A. Schifter.   P. Petersen.

„A bord du vaisseau de guerre le *Pultusk*, le 18 décembre 1808 "

En même temps, tous les officiers du *Dant-zick* écrivirent au conseil de l'amirauté:[1]

„Une campagne de huit mois est maintenant finie. L'escadre de l'Escaut est rentrée dans le port de Flessingue. Un hiver sans travail et sans gloire, un été plus désagréable encore que le précédent, enfin un avenir affreux, nous attendent et nous imposent le devoir de présenter au conseil, en notre propre nom, au nom de la marine et de la nation, une demande respectueuse de rappel dans la patrie.

„Si nous voulions essayer ici d'exposer tous les motifs de cette démarche, nous ne ferions que fatiguer et attrister le haut conseil par la répétition des griefs dont il est sans doute déjà informé. Personne ne sait mieux que le haut conseil combien il doit être pénible de vivre durant cette guerre dans l'inaction la plus accablante, sous un pavillon étranger, tandis que nos camarades du Danemark gagnent chaque jour de nouveaux lauriers autour du

---

[1] Archives du ministère de la marine, Copenhague: dépêches reçues en 1809, nº 24.

Danebrog; et le plus grand bienfait qu'on pût accorder aux officiers du *Dantzick* serait de nous rappeler dans un service digne de notre Roi, de notre pays et de notre uniforme.

J. C. Holsten.　　　C. A. Bendz.

„A bord du vaisseau de guerre le *Dantzick* à Flessingue.
le 17 décembre 1808.“

Ces deux documents nous semblent d'une forme si caractéristique et d'une signification si précise dans la circonstance, qu'ils nous donnent l'idée la plus claire de la disposition d'esprit des officiers danois. En même temps, on ne peut se défendre de la pensée que le désir ardent de retourner dans leur pays ne les ait déterminés à dépeindre la situation sous des couleurs plus sombres qu'il n'était strictement nécessaire.

Les raisons invoquées par les officiers dans leurs pétitions encourageaient aussi les équipages à faire une démarche dans le même sens. En conséquence, ceux-ci adressèrent à l'amirauté, par l'intermédiaire de leurs chefs, une pétition dans laquelle ils faisaient un lugubre tableau de leur détresse.[1]

---

[1] La pétition de l'équipage de *Pultusk* n'a pas été retrouvée dans les archives du ministère de la marine à Copenhague.

„A bord du vaisseau de guerre le *Dantzick*,
le 14 décembre 1808."[1]

„L'équipage à bord du vaisseau de guerre français susdit ose présenter la prière respectueuse d'être rappelé en Danemark; car pour (gagner[2]) notre chère patrie, nous sommes dépourvus de vêtements, et nos appointements, gagnés par un travail pénible de 2 à 3 ans, ont été dévorés; des voyages pleins de fatigues ont absorbé toutes nos économies. Une nourriture inaccoutumée et insuffisante nous rend malades ou nous affaiblit. La solde que nous recevons suffit à peine à compléter une alimentation défectueuse. Rien ne peut être économisé pour les vêtements nécessaires ...

„Beaucoup de nos camarades du bord sont mariés, et ne possèdent d'autres ressources que leur petite solde pour subvenir aux besoins de leurs femmes et de leurs enfants, de leurs parents vieux et affaiblis. C'est un grand malheur de savoir que nos proches n'ont pas même les choses les plus nécessaires à la vie, et que, malgré la meilleure volonté, nous ne pouvons leur venir en aide. Nous sommes tous en

[1] Archives du ministère de la marine, Copenhague: dépêches reçues en 1809, ad n° 24.
[2] Illisible.

grande inquiétude soit sur notre avenir, soit sur celui des nôtres, au milieu de temps si difficiles. Par cette raison, nous demandons très respectueusement la protection de la haute amirauté pour être délivrés d'un service si lourd qu'il ne saurait en exister de pareil.

„En effet, notre pensée a toujours été de servir notre chère patrie selon notre devoir; mais jamais nous n'aurions cru tomber dans un état aussi lamentable pour tout homme qui ne s'est pas abandonné lui-mème.

„C'est un plaisir pour chacun de nous d'accomplir au service danois le métier qui lui est imposé. Les maladies, les chagrins, les peines causées par notre sort et celui de nos plus proches peuvent tuer l'homme le plus fort; mais en servant notre patrie, où tout est arrangé de la meilleure manière pour l'homme de bas étage comme pour le grand seigneur, nous sommes à l'abri de ce malheur. Nous promettons notre reconnaissance et notre entier dévouement, si nous pouvons être rappelés en Danemark.

„En notre propre nom et au nom de l'équipage entier,

Magnus Neils.   J. F. Larsen.

„A la haute amirauté royale danoise à
Copenhague."

Ces appels désespérés, ces demandes réitérées de protection et de délivrance eurent un tel retentissement que l'amirauté se décida à faire les démarches nécessaires pour obtenir le rappel des officiers et des équipages. Sitôt arrivées au conseil, les pétitions furent renvoyées au roi, et le 5 janvier 1809, Sa Majesté ordonna qu'elles fussent transmises au ministère des affaires étrangères.

Peu de jours après, celui-ci donna la réponse suivante:[1]

„En remettant les rapports et pétitions originaux qui nous ont été communiqués à la date du 6, et qui sont présentés par les officiers de la marine royale envoyés à Flessingue, nous ne laissons pas d'annoncer à l'amirauté royale que, soit à l'occasion de nos renseignements précédents sur cette affaire, soit en vertu de l'ordre très gracieux de Sa Majesté sur la même matière, nous avons, depuis quelque temps déjà, recommandé à la légation royale à Paris de faire ses efforts pour que tous les officiers de marine danois et tous les matelots

---

[1] Archives du ministère de la marine, Copenhague; dépêches reçues en 1809, n° 84.

se trouvant actuellement à Flessingue rentrent dans leur patrie pour y reprendre du service.

„Au ministère des affaires étrangères, le 10 janvier 1809.

„C. Bernstorff.   J. Bernstorff.

„A l'amirauté royale."

Bien que le gouvernement danois ne négligeât rien pour faire rentrer les officiers et les équipages en Danemark, où l'on commençait à en avoir besoin pour l'équipement des navires nouvellement construits, les négociations n'amenaient aucun résultat.

L'année 1809 commença pour les Danois aussi tristement que l'année précédente avait fini. Mais en janvier, un ordre du ministre de la marine français portait que les équipages du *Pultusk* et du *Dantzick* partissent sans retard pour Brest, afin de s'y embarquer sur deux autres vaisseaux destinés, disait-on, à une expédition secrète.[1] L'exécution de cet ordre était si urgente que les officiers, les matelots et les bagages devaient être trans-

---

[1] La résolution fut prise pendant le séjour de l'Empereur en Espagne. On avait en vue de réunir les forces navales de Brest avec l'escadre de Rochefort. L'ordre est daté du janvier 1809, mais il n'a pas été retrouvé dans les archives du ministère de la marine à Paris.

portés en voiture et voyager jour et nuit pour arriver à destination le plus tôt possible. Cet ordre inattendu du ministère de la marine plongea la colonie danoise dans une profonde consternation. On s'attendait à partir pour le Danemark, et voilà que subitement on se trouvait à la veille d'être dirigé vers un autre port de guerre, sans connaître même le but de cette expédition. Les commandants Rosenvinge et Holsten, se fondant sur l'ordre reçu primitivement, étaient d'avis que, pour changer leur destination, le consentement des autorités danoises était nécessaire. En conséquence, ils refusèrent d'assumer la responsabilité d'un acte qui assignait aux équipages de deux vaisseaux de ligne — environ 1300 hommes — un emploi différent de celui qui avait été stipulé par Sa Majesté.

Cette dépendance malheureuse vis-à-vis de l'amirauté devait donc encore une fois entraîner les plus graves conséquences, et aboutir finalement à une catastrophe. L'expérience du passé aurait dû profiter aux marins danois. Comment surtout deux officiers de mérite tels que Rosenvinge et Holsten, n'ont-ils pas compris qu'ils émettaient une prétention inadmissible au point de vue militaire? L'amirauté n'avait pas à donner son consentement dans une question, où il ne s'agissait que d'un déplacement pour l'équipage et le matériel, c'est-à-dire d'une mesure stratégique. Ce qui est aussi incompréhensible, c'est qu'ils n'aient pas calculé les conséquences de leur attitude, et n'aient pas vu qu'elle devait aboutir à un refus d'obéissance, la chose la plus grave pour un soldat en temps de guerre. Si, d'un côté, le sentiment extrème de la responsabilité et une soumission excessive aux ordres du gouvernement danois, méritent tout notre respect, il ne faut pas oublier d'autre part la responsabilité de Rosenvinge et de Holsten vis-à-vis du gouvernement sous le pavillon duquel ils servaient. Ces deux officiers auraient dû considérer le coup porté à la discipline par deux vaisseaux de ligne qui refuseraient d'obéir.

Sitôt que l'ordre du ministère français fut connu à bord, on put voir à certains indices que les équipages eux mêmes opposeraient de la résistance à son exécution. Les matelots avaient le pressentiment qu'ils seraient appuyés par leurs commandants; il est même vraisemblable que leur mutinerie, loin d'être blàmée par les officiers, avait leur assentiment.

Cette supposition se trouve d'ailleurs confirmée par la franchise des équipages vis-à-vis de leurs chefs. Ils leur déclarèrent formellement qu'ils refusaient d'obéir, ce qui, dans des circonstances ordinaires, en aurait fait pendre plusieurs à la vergue de misaine. Au nombre de 200 à 300, les matelots danois allèrent trouver leurs commandants pour leur signifier qu'ils ne voulaient pas aller à Brest. Ils ajoutaient „qu'ils garderaient l'obéissance sur le vaisseau, mais qu'une fois à terre, si on voulait les forcer de partir, ils quitteraient leurs vêtements et se laisseraient fusiller tout nus; que cette mort leur semblait préférable à toute autre; qu'ils avaient déjà trop souffert depuis leur arrivée à Flessingue; qu'enfin ayant présenté une pétition à l'effet d'être rappelés dans leur pays, ils attendaient la décision de leur roi.“ [1]

Pendant ce temps, les officiers se contentaient de maintenir la tranquillité à bord: pour le reste, ils sentaient l'insuffisance de leur autorité. Aussi, aucun effort n'était tenté pour ramener les équipages au devoir; on se tranquillisait par la pensée que les gens refusaient

---

[1] J. Ræder: Danmarks Krigs- og Politiske Historie. (J. Ræder, histoire de la guerre et de la politique du Danemark.)

de quitter Flessingue. La confirmation de ce fait se trouve dans une déclaration expédiée par le capitaine de frégate Fasting, commandant en second à bord du *Dantzick*:[1]

„Selon demande faite, donné acte par la présente que les officiers du vaisseau de ligne le *Dantzick* se sont déclarés unanimes à exprimer l'opinion que l'équipage de ce vaisseau de ligne ne pouvait être conduit à Brest sous notre propre autorité, lorsque l'ordre en est arrivé du ministre de la marine français."

Tous les officiers furent convoqués chez leurs commandants, et ils déclarèrent unanimement que, vu les circonstances, il leur fallait un ordre du ministère danois, sans lequel on s'exposerait aux conséquenses les plus graves.

Dans l'état actuel il va sans dire que cette déclaration des officiers confirmait les commandants dans la conviction que leur attitude était non seulement correcte, mais encore dictée par la nécessité résultant du refus de l'équipage et de la résolution unanime des officiers.

Il ne faut pas oublier cependant que les officiers en sous-ordre devaient connaître déjà la position prise par les deux commandants

---

[1]) J. Ræder: id. id.

au début de cette affaire. L'autorité attachée à l'opinion de deux officiers âgés et de grande expérience ne fut pas sans exercer une influence, au moins indirecte, sur le vote des jeunes officiers.

A partir de ce moment, l'affaire entra dans une phase nouvelle. Il ne s'agissait plus de se conformer scrupuleusement aux instructions du roi de Danemark, mais de prévenir une révolte qui éclaterait infailliblement si l'on cherchait à exécuter par la force l'ordre du ministre français.

D'après tout ce qui précède, il eût été vraisemblablement très difficile aux commandants d'exiger l'obéissance de leurs hommes; une révolte sur les deux vaisseaux danois pouvait devenir le signal d'une rébellion dans toute l'escadre, qui renfermait bien des éléments de désordre, principalement parmi les matelots de Hambourg et de la Hollande. Et même nous devons dire que tout danger de trouble dans l'escadre n'était nullement écarté par ce fait que les Danois demeuraient tranquilles et que l'autorité française n'avait pas à intervenir militairement. Les équipages des autres vaisseaux de la flotte de l'Escaut n'étaient pas sans connaître les faits qui se passaient sur le

Pultusk et le *Dantzick*; ils se doutaient du moins qu'il y avait mutinerie, et que la résistance ne venait pas seulement de l'équipage, mais à la fin des officiers et. des matelots.

Quand les deux commandants danois eurent la conviction que l'ordre ne devait pas être exécuté, que même il ne pouvait pas l'être, ils se décidèrent à agir en commun, et ils écrivirent à l'amiral en chef qu'ils n'étaient pas en état d'obéir à l'ordre reçu.

Voici le texte de la lettre adressé à l'amiral en cette circonstance [1] :

„Mon amiral,

„La lettre que nous avons reçue de Son Excellence le ministre de la marine nous donne une autre mission que les ordres que nous avons de notre Souverain, lesquels disent positivement que nous devons commander deux vaisseaux de ligne de S. M. I. et R. de l'escadre

---

[1] Le refus des capitaines Rosenvinge et Holsten d'obéir à l'ordre impérial ne se trouve ni aux archives du ministère de la marine à Copenhague, ni aux archives du ministère de la marine française à Paris.

Dans les archives du ministère des affaires étrangères (S. Excel. M. de Dreyer; divers objets, 1809) on en trouve une copie expédiée par Rosenvinge à l'envoyé danois à Paris.

de l'Escaut sous les ordres de l'amiral Missiessy. Ainsi, qu'en quittant les vaisseaux sur l'Escaut notre destination est finie, et par conséquent notre commandement aussi. Nous avons, d'après les articles danois, consulté les officiers respectifs des deux vaisseaux, et ils ont déclaré unanimement que, comme leur ordre était d'être sur les deux vaisseaux de la dite escadre qui étaient commandés par les capitaines danois, ils ne pourront quitter cette destination sans l'ordre de l'amirauté Royale danoise. Les ordres qu'ont reçues les équipages des consuls etc. sont de la même nature. Il en résulte que nous n'osons pas partir pour Brest sans ordre de notre souverain, et que nous pouvons encore moins, sans être compromis, donner cet ordre aux officiers et aux équipages sans l'autorisation de notre gouvernement.

„Pour ce qui regarde l'exécution du voyage, il nous sera encore permis d'observer que nous ne pouvons d'aucune façon, dans ces circonstances, prendre sur nous la responsabilité dont son excellence nous charge. Nous renonçons à notre commandement plutôt que d'être témoins des suites sanglantes que ce voyage aura pour les sujets et les marins de S. M. danoise.

„Agréez, mon amiral, l'assurance du profond respect et de la haute considération avec laquelle nous sommes
„Vos très humbles et très obéissants serviteurs
Rosenvinge.   H. Holsten.
„Flessingue, le 14 janvier 1809.“

Cependant les commandants danois offrirent à titre de compromis de gréer les deux vaisseaux de ligne, puis de chercher à rompre le blocus anglais et d'aller à Brest par mer. De cette manière, l'ordre du ministre de la marine serait accompli, et en même temps celui du roi et de l'amirauté fidèlement observé. L'amiral refusa cette offre.

Alors ils demandèrent la faveur d'être autorisés à envoyer une lettre au ministre de Danemark à Paris par le même courrier qui portait le rapport de l'amiral et la déclaration des commandants danois. Elle leur fut encore refusée.

Enfin, on leur accorda la permission de députer un officier au ministre de Danemark pour le consulter dans ces circonstances difficiles, et le lieutenant Recke partit pour Paris. En dehors des instructions orales, le lieutenant était porteur d'une lettre des deux commandants, datée de Flessingue, le 15 janvier 1809. En voici la fin:

„Trop longtemps éloignés de notre roi et de notre patrie pour en pouvoir espérer aucune assistance à bref délai, nous abandonnons avec une pleine confiance notre cause entre les mains d'un homme qui a toujours agi comme diplomate avec tant de succès pour la gloire du Danemark." [1]

Le Lieutenant Recke fut présenté par le conseiller Dreyer au ministre de la marine, qui reçut très amicalement le jeune officier, et lui déclara même qu'il n'était plus question de faire partir les équipages pour Brest afin d'y occuper deux autres vaisseaux [2]. Enfin il recommanda au lieutenant Recke de rester quelques jours à Paris pour visiter les curio-

[1] Archives du ministère des affaires étrangères. S. E. M. de Dreyer: divers objets, 1809.

[2] C'était bien véritablement le cas, car, l'après midi du 22 janvier, les capitaines de vaisseau danois reçurent du commandant de l'escadre une communication officielle par laquelle le ministre de la marine à Paris ordonnait que les équipages danois restassent sur l'Escaut. (Archives du ministère de la marine, Copenhague: Dépêches reçues en 1809, n° 247.)

D'après des sources françaises (Rapport de l'amiral Missiessy daté de Flessingue, 25 janvier 1809), l'ordre ministériel n'arriva de Paris que le 23 janvier.

sités de la ville. Au lieu de profiter de cette offre, Recke retourna en hâte porter à Flessingue l'heureux message de l'abandon du voyage à Brest.

On peut se représenter facilement la joie causée par cette nouvelle. Depuis le commandant jusqu'au dernier matelot, tous se réjouissaient de voir que le ministre français eût accédé à leurs vœux. Le mécontentement et la malveillance disparurent comme par enchantement; toutes les souffrances furent oubliées, car le retour en Danemark était proche.

C'était vers la fin du mois de janvier; le jour anniversaire de la naissance du roi Frédéric VI approchait. On projeta de célébrer cette fête avec un éclat inaccoutumé à bord du *Pultusk* et du *Dantzick*. A cette occasion, toutes les autorités de Flessingue furent invitées à une soirée et à un bal. Déjà les préparatifs étaient terminés lorsque, le jour de la fête, au matin, arriva un courrier du ministre de la marine avec un ordre exprès d'arrêter les deux commandants danois.

L'auteur de cet ordre était l'Empereur Napoléon lui-même. Venu à Paris le 23 janvier 1809, il avait été informé de l'affaire par l'amiral

Decrès, avant même que l'envoyé danois eût pu obtenir une audience. L'Empereur, irrité de l'insubordination des commandants, ordonna leur arrestation immédiate et chargea son ministre de la faire exécuter. La chose était cette fois sérieuse, comme on en jugera par la dépêche ministérielle:

„Paris, 25 janvier 1809.

„Au contre-amiral Missiessy à Flessingue[1].

„Monsieur le contre-amiral,

„Les capitaines danois Rosenvinge et Holsten se sont rendus indignes de servir dans les armées de l'Empereur par le mauvais esprit militaire qu'ils ont manifesté depuis qu'ils commandent les vaisseaux le *Pultusk* et le *Dantzick*, et par le refus qu'ils ont fait le 14 de ce mois d'obéir aux ordres de Sa Majesté Impériale et Royale que je leur ai transmis par ma dépêche du 10 courant.

„En conséquence, l'intention de l'Empereur est de remettre ces deux officiers entre les

---

[1]) Bureau des officiers militaires, minutes de lettres 1809, page 60, archives du ministère de la marine, Paris. L'ordre porte les mots suivants en marge: „Cette dépêche à été lue par Sa Majesté dans le travail du mercredi 25 janvier et approuvée par l'Empereur."

mains du roi de Danemark, leur souverain, qui fera justice de leur désobéissance.

„S. M. ordonne que vous fassiez arrêter les dits capitaines Rosenvinge et Holsten, et que vous les fassiez conduire sous bonne et sûre escorte à Anvers, où je prescris à M. Malouet, le préfet maritime, de les faire détenir dans la citadelle jusqu'à nouvel ordre.

„Quant aux équipages danois des deux vaisseaux le *Pultusk* et le *Dantzick*, vous donnerez le commandement du premier au capitaine de vaisseau Soleil et celui du *Dantzick* au capitaine de vaisseau Moras, lesquels conserveront les dits commandements jusqu'à ce que S. M. danoise ait envoyé les deux capitaines danois destinés à ces deux équipages.

„Dans le cas où les équipages danois se révolteraient, l'ordre de l'Empereur est que vous les fassiez attaquer et que vous fassiez fusiller les mutins. Je m'en rapporte également à la sagesse et à la fermeté de vos dispositions pour l'exécution de cette dépêche[1].

Decrès."

---

[1]) En même temps que l'ordre d'arrestation, une dépêche du ministère de la marine à Paris au préfet maritime à Anvers, M. Malouet, prescrivait de recevoir les prisonniers: puis, l'amiral Missiessy reçut des instructions pourqu'il se

Un tel ordre ne souffrait aucun délai. Il fut exécuté sur-le-champ. L'ordre d'arrestation avait été notifié aux deux commandants à deux heures de l'après-midi; une goëlette était prête à les recevoir. Un délai de deux heures leur fut accordé pour faire leurs préparatifs de départ. A 4 heures, ils devaient quitter leurs vaisseaux. La séparation ne laissa pas que d'être émouvante. Les vaisseaux richement parés, décorés de pavillons et d'armes de toute sorte, attendaient leurs invités. L'allégresse régnait partout; les réjouissances et l'espoir du retour en Danemark déridaient tous les fronts, quand un ordre fatal vint changer la face des choses. Les officiers et les équipages allaient être témoins d'un spectacle bien propre à émouvoir des spectateurs intéressés au sort des deux officiers. Les commandants parurent sur le pont en prisonniers, prêts à quitter le vaisseau. Ils avaient rendu leurs épées et déposé le commandement. Ils se contentèrent d'adresser quel-

mit en rapport avec le général Monnet, commandant en chef à Anvers, et s'assurât d'avoir sous la main des forces suffisantes pour écraser tout essai de résistance, si les arrestations occasionnaient des troubles. (Bureau des officiers militaires, minutes de lettres 1809. Archives du ministère de la marine, Paris.)

ques paroles aux marins plongés dans un lugubre silence, les priant instamment de rester tranquilles et de ne pas rompre les liens de la discipline. Les deux commandants descendirent ensuite dans la chaloupe pour être transportés à la goëlette qui, peu de temps après, leva l'ancre et mit à la voile. Durant la traversée, entre Flessingue et Anvers, ils trouvèrent l'occasion d'écrire au ministre du Danemark à Paris une lettre dans laquelle ils invoquaient sa protection. A peine arrivés à Anvers, ils furent emprisonnés dans la citadelle. Là, pour la première fois, la situation leur apparut dans toute sa gravité. Par une réaction toute naturelle, le découragement avait succédé à la surexcitation du premier moment, ainsi qu'en témoigne la lettre suivanre au conseiller intime Dreyer[1]:

„Anvers, le 31 janvier 1809.

„Votre Excellence sait sans doute que nous sommes à présent dans la citadelle d'Anvers. Matériellement nous ne souffrons rien, puisqu'on nous a laissés habiter des chambres d'officiers, qu'on nous a permis de communiquer avec les personnes munies de l'autorisation de nous voir,

---

[1] Archives du ministère des affaires étrangères: S. E. M. de Dreyer. Divers objets 1809.

et que le consul danois nous fait visite chaque jour. Il nous est permis d'écrire, et nous envoyons nos lettres au préfet. Nous nous adressons à Votre Excellence pour demander vos bons conseils et vos bons offices, et nous vous prions toujours que, par votre influence, Vous rendiez notre sort aussi doux que possible. Si notre destinée est de quitter le monde temporel, nulle autre mort, après celle du champ de bataille, ne saurait nous permettre d'affirmer plus clairement notre dévouement à la gloire de la marine danoise qui était sur le point de s'écrouler. Si on nous garde ici, nous espérons mériter l'estime par notre conduite. Si, au contraire, nous sommes renvoyés dans notre pays, nous désirons que notre parole d'honneur soit notre seule escorte. Nous recommandons notre cause à Votre Excellence. Soyez notre intercesseur, nous vous en prions. Les malheurs peuvent quelquefois mériter de la compassion.

„Veuillez agréer, Monsieur le ministre, l'assurance de notre dévouement respectueux,

Rosenvinge.   Holsten.

„A Son Excellence

  M. le conseiller intime Dreyer

    à Paris.“

A bord du *Pultusk* et du *Dantzick*, la stupéfaction causée par le départ des comman-dants, fut grande[1]. Personne ne pouvait pres-

---

[1] On saura l'impression produite sur les officiers et les équipages par l'arrestation inattendue des commandants, en lisant ces lignes d'un rapport commun envoyé par les capitaines de frégate Fasting et Stephansen au conseiller intime M. de Dreyer à Paris, le lendemain de la catastrophe:

„Hier, à midi, arriva d'une manière aussi subite qu'inattendue un ordre impérial à nos commandants de déposer leur commandement pour être ensuite transportés à Anvers comme prisonniers.

„Dès 4 heures, nous les vîmes avec un grand serrement de cœur partir sous escorte militaire. L'amiral Missiessy nous fit appeler et nous chargea d'annoncer aux équipages que, jusqu'à l'arrivée de nouveaux chefs danois, ils seraient sous les ordres de chefs français.

„Nous représentâmes la difficulté de réduire à l'obéissance un équipage plein de dévouement à ses anciens commandants et désolé de les avoir perdus . . . mais l'amiral déclara avoir les ordres les plus positifs pour l'exécution de cette mesure et être prêt à employer tous les moyens pour que rien ne pût la contrarier. Voulant à tout prix sauver nos équipages, nous fîmes tous nos efforts afin de leur persuader de ne pas troubler l'ordre. Grâce à l'attachement que les marins danois ont toujours eu pour leurs officiers, nous avons réussi jusqu'à un certain point à les calmer. Mais ce calme, de quelle nature est-il? L'expression attristée de leurs visages et les sourds murmures qu'ils ne peuvent contenir démontrent clairement l'agitation qui reste au fond des cœurs." (Archives du ministère des affaires étrangères; S. E. M. de Dreyer: divers objets. 1809.)

sentir un évènement aussi tragique à pareil jour ; tous pensaient que, quels que fussent les motifs du gouvernement français, l'arrestation revêtait par les circonstances un caractère d'offense aux sentiments nationaux des Danois. Que le choix du jour fût prémédité, ou bien qu'il fallût l'attribuer au hasard, un traitement aussi rigoureux irrita les officiers et les équipages. Aussi, deux officiers, un de chaque vaisseau de ligne, les lieutenants Holsten et Falsen, se rendirent-ils auprès du commandant en chef de la flotte de l'Escaut pour protester contre le châtiment infligé à leurs chefs. Ils eurent même la hardiesse de déclarer à l'amiral qu'en leur qualité d'officiers danois, ils obéiraient uniquement aux commandants désignés par le Roi de Danemark, et que si l'Empereur nommait des officiers français en remplacement des capitaines Rosenvinge et Holsten, ils refuseraient de servir sous leurs ordres.

Cette démarche et ce langage durent certainement étonner l'amiral Missiessy en même temps que lui causer une impression pénible. Néanmoins il reçut les Danois avec bonté, comme un ami plus âgé et plus sage auquel ils se seraient adressés. On n'eût pas dit d'un homme qui, immédiatement après leur déclaration,

aurait pu — on serait tenté de dire *aurait dû* —
les faire arrêter.

Il leur représenta l'imprudence de leur
conduite et de leurs paroles, les pria vivement
de réfléchir aux dangers qu'ils encouraient, et
refusa même de recevoir une déclaration qui
pouvait leur coûter la vie, vu le caractère
impitoyable de l'Empereur en ces sortes
d'affaires.

En dépit de ces sombres perspectives et
de la possibilité de mourir d'une balle française,
Holsten et Falsen tinrent ferme. Après leur
avoir dit qu'il ne pouvait recevoir leurs rapport
que par l'intermédiaire de leurs commandants,
l'amiral les congédia en leur fixant un terme
de huit jours pour revenir sur leur résolution.

Le capitaine Moras, désigné pour prendre
le commandement du *Dantzick*, usa de toute
son influence pour les faire renoncer à leurs
projets. Mais en présence de leur fermeté, il
prit une décision qui honore son caractère. Il
alla trouver l'amiral Missiessy, et lui déclara
que les deux officiers étaient malades. De tels
égards ne touchèrent nullement Holsten et
Falsen. C'est alors que l'amiral Missiessy ré-
digea, bien à contre-cœur, son rapport au
ministre de la marine.

Lors de leur entrevue avec l'amiral, les deux lieutenants avaient affirmé que tous leurs camarades du *Pultusk* et du *Dantzick* partageaient leur sentiment, et que, s'ils n'avaient pas suivi leur exemple, il fallait l'attribuer au seul désir de prévenir tout désordre dans les équipages.

Pour se faire une juste idée des faits, il faut remarquer qu'Holsten et Falsen n'agirent pas alors au nom de leurs camarades, mais bien à leurs risques et périls. Leur imprudente manifestation ne doit donc pas être regardée comme une action commune des officiers danois. Bientôt le mécontentement et l'agitation devinrent tels chez les matelots, que la présence des officiers fut absolument nécessaire. En même temps les équipages craignaient de voir leur cause abandonnée par les officiers et eux-mêmes distribués sur les autres vaisseaux de l'escadre. Ils envisageaient cette éventualité avec horreur, car alors le rapatriement devenait impossible. Il est certain d'autre part que, si les officiers, au lieu de suivre les conseils de la prudence, s'étaient concertés avec Holsten et Falsen, une rébellion aurait éclaté dans les rangs des matelots.

Ainsi, le 29 janvier au matin, quand les équipages durent se rendre au travail, ils refusèrent obéissance [1]. Mais la menace seule de l'abandon de leurs officiers suffit pour les faire rentrer dans le devoir. Si donc la tempête se dissipa assez facilement, malgré l'exaspération produite par l'arrestation des deux commandants le mérite en revient à la sagesse et au tact des officiers.

Le lendemain de l'arrestation, le ministre des affaires étrangères envoya une note au représentant du Danemark à Paris pour l'informer de l'évènement et lui en faire connaître les motifs. Cette dépêche a son importance en ce qu'elle nous montre le jugement de Napoléon sur l'affaire en question.

Ayant été mise sous les yeux de l'Empereur pour recevoir son approbation, cette pièce caractéristique porte à chaque ligne la trace de la colère impériale [2].

---

[1] J. de Ræder: Danmarks Krigs- og Politiske Historie (Histoire militaire et politique du Danemark) 1807-1809.

[2] Archives du ministère des affaires étrangères: la note est la réponse à une dépêche du conseiller intime M. Dreyer, à l'occasion du refus de Rosenvinge et Holsten d'obéir à l'ordre impérial du 10 janvier 1809.

„Paris, le 29 janvier 1809.

„Monsieur,

„J'ai mis sous les yeux de l'Empereur, mon maître, la note que vous m'avez fait l'honneur de m'adresser le 26 de ce mois, et voici ce que Sa Majesté me prescrit de vous répondre:

„Des officiers que S. M. le Roi de Danemark avait envoyés servir en France ont refusé d'obéir aux ordres de l'Empereur, qui leur ont été transmis par le ministre de la marine. Ils sont militaires, à la solde de l'Empereur, et montant des vaisseaux qui portent son pavillon. Sans doute l'Empereur était en droit de les punir avec toute la rigueur des lois militaires; mais par considération pour le Roi de Danemark, Sa Majesté se borne à les faire conduire dans leur pays, et les remet à la justice de leur souverain pour la punition qu'ils ont méritée. La force armée est essentiellement obéissante, son insubordination est le premier symptôme de la faiblesse et de la ruine d'un gouvernement. L'Empereur ne voudrait pas donner dans ses états l'exemple d'une insubordination lâchement tolérée, et c'est parceque sa volonté est d'être obéi ou de punir rigoureusement tout acte de désobéissance, qu'il a voulu vous faire prévenir, Monsieur, de ses intentions, persuadé que l'influence qui appartient à votre dignité et à votre caractère personnel pourrait être employée de manière à prévenir ces délits d'insubordination, que l'intérêt même de S. M. le Roi de Danemark défend de tolérer.

„Veuillez agréer, Monsieur le baron, l'assurance de ma haute considération,

„Champagny.

„A M. le Baron de Dreyer.“

Le *Pultusk* et le *Dantzick* furent placés sous le commandement de chefs français: l'amiral ordonna au capitaine Soleil de passer de l'*Anversois* sur le *Pultusk*, et au capitaine Moras de passer du *César* au commandement du *Dantzick*. Cependant, par égard pour les Danois, l'ordre fut exécuté avec les plus grands ménagements. Les commandants français ne parurent qu'une seule fois à bord des navires. A cette occasion, les équipages furent appelés, et on leur fit savoir l'état des choses. Le commandant en second danois devait prendre le commandement proprement dit, mais recevoir tous les ordres par l'intermédiaire des nouveaux commandants, qui continuaient de commander leurs propres vaisseaux. Par suite de cette combinaison, le service sur le *Pultusk* et le *Dantzick* se faisait comme par le passé, sans que l'existence des commandants étrangers se manifestât visiblement. Tous les matins, ils venaient sur le quai, à la place où étaient amarrés les vaisseaux de ligne, et l'officier de service s'y rendait pour recevoir les ordres et faire son rapport.

En dépit de ces mesures de prudence, le changement apporté dans le commandement amena un léger conflit entre le nouveau commandant du *Dantzick* et le capitaine Fasting. La cause de ce dissentiment demeure inconnue: les rapports et comptes-rendus officiels ne contiennent aucun renseignement à ce sujet. Il s'agit sans doute d'une question de service.

Le capitaine Moras avait cru devoir déclarer que, si les ordres de l'amiral étaient exécutés ponctuellement, et si le service se faisait convenablement, il ne s'en mêlerait pas; sinon, il considérait comme son devoir d'y veiller[1].

Le capitaine Fasting vit dans ces paroles un reproche. Il répondit dans les termes suivants: — „Tant que le service et le travail se feront comme je l'ai appris et comme on a

---

[1] Archives du ministère de la marine, Copenhague: Dépêches reçues en 1809, n° 289.

fait jusqu'ici, j'espère que chaque ordre sera ponctuellement exécuté, sauf bien entendu les fautes pouvant résulter de mon ignorance de la langue française."

Cette petite collision n'eut pas de suites. Le capitaine Moras ne trouva aucune occasion de se plaindre du service sur le *Dantzick*. Mais, de son côté, le capitaine Fasting, blessé du langage de son supérieur, en référa à l'amirauté.

Pendant ce temps, Rosenvinge et Holsten étaient toujours enfermés dans la citadelle d'Anvers. Vers la fin du mois de février, la consigne devint même plus sévère à leur égard. Défense leur fut intimée de recevoir des visites dans la prison, d'envoyer des lettres chez eux. Quant à leur nourriture et à leur boisson, ils pouvaient se les procurer à leur gré en payant. Leur liberté était si limitée qu'ils ne pouvaient se promener dans la citadelle que sous les yeux de la sentinelle et accompagnés par un officier.

Plus tard, quelque soulagement fut apporté à leur sort, grâce à la bienveillance du préfet maritime, le baron Malouet. Il autorisa plusieurs officiers danois et français à les voir sans contrôle, et l'un d'entre eux, le lieutenant Schifter, prit soin de leur correspondance pendant quelque temps. Partout les Français témoignèrent de la sympathie aux deux prisonniers, et surtout les officiers du génie maritime, dont plusieurs venaientt chaque soir à la prison.

Coincidence bizarre, le jour même où Rosenvinge et Holsten furent privés de leur commandement et arrêtés, ils étaient l'objet d'une distinction honorifique à Copenhague. Le 28 janvier, le roi célébra la première fête de l'ordre du Danebrog concurrement avec l'anniversaire de sa naissance, et parmi les créations de chevaliers qui eurent lieu à cette occasion figuraient celles de Rosenvinge et d'Holsten. En effet, personne en Danemark ne se doutait encore des faits qui s'était produits à Flessingue, et encore moins pouvait-on soupçonner que les deux nouveaux chevaliers fussent écroués à la forteresse d'Anvers.

Dès que la nouvelle en parvint à Copenhague, elle plongea le gouvernement dans une grande perplexité: en apparence du moins, la distinction récemment accordée pouvait être prise pour la recompense de l'indiscipline. Afin de prévenir cette interprétation, on essaya d'arrêter l'envoi des décorations. Malheureusement, le maître de poste à Hambourg, M. Wachs, vint annoncer que l'expédition des ordres était déjà effectuée. Le gouvernement dut donc se borner à charger son envoyé à Paris de fournir toutes les explications désirables au gouvernement français.

Comme nous l'avons dit, le ministre danois avait essayé, mais sans succès, d'obtenir le rapatriement des officiers et des équipages. Les évenements qui venaient d'avoir lieu semblaient fournir l'occasion de renouveler la demande. Dans une note du 14 février 1809, notre ministre des affaires étrangères s'en ouvrit au gouvernement français, mais le résultat ne fut pas meilleur qu'auparavant. D'après cette dépêche, le comte de Bernstorff désapprouve les procédés des commandants danois et surtout l'attitude des deux officiers subalternes; mais il fait entendre en même temps d'une manière claire que leur conduite trouvait son excuse dans les termes mêmes de la convention qui leur assignait de servir dans la flotte française de l'Escaut. L'ordre de partir pour Brest n'était pas tout-à-fait régulier au point de vue de cette convention.

Ce document permet d'entrevoir les efforts du gouvernement pour venir en aide aux prisonniers et présenter les choses sous un jour moins défavorable.

Pour plusieurs raisons, il n'aurait pas été sage d'agir autrement. Non seulement en France, mais encore en Danemark, on devait présumer que les hommes choisis pour représenter notre marine à l'étranger étaient des officiers éprouvés. Un blâme trop rigoureux pouvait donc diminuer le prestige de la marine danoise. Du reste, la situation de nos marins n'avait pas été assez nettement réglée dès le début pour que les officiers fussent bien fixés sur l'étendue de leurs devoirs.

Le 16 février, un courrier de Paris apporta l'ordre suivant au préfet maritime, à l'effet de renvoyer les prisonniers:

„Paris, le 13 février 1809.

„A

„M. Malouet.

„Je vous préviens, Monsieur, qu'en conséquence des ordres de S. M., Messieurs Rosenvinge et baron de Holsten devront partir incessamment sous l'escorte chacun d'un gendarme ou sous-officier de gendarmerie, pour être conduits en Danemark, où ils seront remis par la dite escorte au commandant du premier poste danois de la frontière.

„S'il n'y a pas de voiture disponible, vous voudrez bien pourvoir à en procurer une à 4 places pour remplir cet objet.

„Vous remettrez l'épée de chacun des dits officiers à son escorte, et la dite épée sera remise avec leurs personnes au commandant du premier poste danois que je suppose être Altona, où il sera pris reçu . . . . .

Decrès."

Rosenvinge et Holsten partirent le 18 février 1809 pour le Danemark comme prisonniers, accompagnés d'une étape à l'autre par des gendarmes français. Par l'extrait ci-dessous d'un rapport du lieutenant Schifter [1], on verra combien le gouvernement français désirait les renvoyer.

Le 16 février 1809, Schifter écrivait à l'amirauté:

„J'ai eu l'honneur de parler à MM. les capitaines Rosenvinge et baron Holsten. Toujours renfermés dans la citadelle d'Anvers, ils ont cependant la permission d'écrire; mais la nécessité d'envoyer toutes leurs lettres au préfet

---

[1] Archives du ministère de la marine. Copenhague: Dépêches reçues en 1809. n° 333.

pour qu'il les parcoure, les a obligés de me
prier d'annoncer de leur part au haut conseil
qu'aujourd'hui ils ont reçu la communication
qu'ils partiront sans délai pour Altona sous
l'escorte de gendarmes, et de là pour Copenhague. On demandait qu'ils partissent à l'instant,
mais la santé de Rosenvinge, affaiblie par le
chagrin, ne l'a pas permis. Cependant le général
Malouet n'osa différer leur renvoi au-delà d'après-
demain. Ils sentent profondément l'indignité
d'être conduits comme prisonniers dans leur
patrie. Dans l'impossibilité de l'éviter jusqu'à
Altona où, d'après l'ordre, ils seront remis aux
autorités danoises, ils osent prier le haut conseil qu'il leur soit permis au moins, à partir
de cette ville, de continuer le voyage sur leur
parole d'honneur, et que les ordres nécessaires
soient donnés pour cela."

A Altona, ils furent remis au major Haffner,
attaché au quartier-général français, qui les
envoya le 6 mars 1809 à Rendsborg sous l'escorte
du capitaine Hirschfeld.

Ils restèrent un mois en prison dans cette
forteresse, après quoi un ordre du roi leur
accorda la liberté et leur enjoignit de se rendre
à Copenhague.

La sévérité du gouvernement et l'incarcération à Rendsborg ne sauraient s'expliquer que par une raison politique, telle que le désir de plaire à l'empereur Napoléon. En effet il n'était pas douteux pour le roi et l'amirauté que les deux commandants eussent assez durement expié des fautes qu'il fallait d'ailleurs attribuer à un sentiment honorable. Aussi, peu de temps après, le ministre donna-t-il un nouveau commandement à MM. Rosenvinge et Holsten, le premier sur les chantiers, l'autre en qualité de commissaire en chef de la défense navale dans les duchés.

Inutile de dire que l'attitude du gouvernement fut tout autre vis-à-vis des lieutenants Falsen et Holsten. L'amirauté ayant été informée de leur incartade par un rapport, il leur fut notifié qu'on ne pouvait approuver leur manière d'agir, et qu'ils eussent à retourner à leur poste. Ils se déclarèrent dans l'impossibilité d'exécuter l'ordre royal. Relevés de leurs fonctions et renvoyés dans leur pays, ils expièrent leur désobéissance dans les prisons de la citadelle.

Les nouveaux commandants du *Pultusk* et du *Dantzick*, les capitaines v. Dockum et v. Berger, arrivèrent à Flessingue le 29 mars et prirent leur commandement le 1er avril 1809.

L'espérance du retour avait disparu: les marins danois devaient rester encore quatre ans au service de la France. Peu à peu, leur condition s'améliora sérieusement. La conduite prudente de M. v. Dockum, l'habitude, le temps, un matériel meilleur aplanirent successivement toutes les difficultés. La tranquillité, le bien-être règnèrent bientôt parmi les équipages. Sous le commandement énergique de M. v. Dockum, les Danois, renforcés plus tard par les équipages de deux autres vaisseaux de ligne, parvinrent à un tel perfectionnement d'organisation et de discipline qu'aucun des autres navires ne pouvait leur être comparé. Quand la flotte faisait des exercises ou bien des évolutions sous voile, un signal de satisfaction était donné par le vaisseau amiral pour toute manœuvre bien exécutée, et alors on voyait toujours apparaître le numéro du *Pultusk* ou du *Dantzick*.

Dans l'histoire de nos guerres navales, la période qui fait l'objet de ce travail ne manque pas d'importance, car une fois débarrassés des difficultés et des ennuis de la première année, les officiers et les matelots danois eurent l'occasion de montrer ce qu'on peut obtenir de marins solides et d'équipages bien commandés.

Quel que fût le jugement porté sur les actes d'indiscipline qui marquèrent péniblement le début de la campagne, tous les hommes du métier en France reconnaissaient, que le *Pultusk* et le *Dantzick* formaient, par l'habileté des manœuvres et l'aptitude au combat, le noyau véritable de la flotte, et qu'ils pouvaient être présentés comme modèles à tous les autres navires de l'escadre.

Fin.

Histoire de Danemark

depuis les temps les plus reculés jusqu'à nos jours

par

C.-F. Allen

Professeur à l'Université de Copenhague

Ouvrage couronné

traduit d'après la septième édition danoise

par

E. Beauvois.

Deux beaux volumes in 8°.

Prix: 25 francs.

Copenhague — Bianco Luno, imprimeur de la cour (F. Dreyer).